_____ 님의 소중한 미래를 위해
이 책을 드립니다.

초버블시대,
주식투자의 미래

초버블시대, 주식투자의 미래

김예은 지음

메이트북스

메이트북스 우리는 책이 독자를 위한 것임을 잊지 않는다.
우리는 독자의 꿈을 사랑하고,
그 꿈이 실현될 수 있는 도구를 세상에 내놓는다.

초버블시대, 주식투자의 미래

초판 1쇄 발행 2021년 2월 22일 **|** **지은이** 김예은
펴낸곳 ㈜원앤원콘텐츠그룹 **|** **펴낸이** 강현규·정영훈
책임편집 오희라 **|** **편집** 안정연·유지윤 **|** **디자인** 최정아
마케팅 김형진·이강희·차승환 **|** **경영지원** 최향숙·이혜지 **|** **홍보** 이선미·정채훈
등록번호 제301-2006-001호 **|** **등록일자** 2013년 5월 24일
주소 04607 서울시 중구 다산로 139 랜더스빌딩 5층 **|** **전화** (02)2234-7117
팩스 (02)2234-1086 **|** **홈페이지** blog.naver.com/1n1media **|** **이메일** khg0109@hanmail.net
값 16,000원 **|** **ISBN** 979-11-6002-320-6 03320

투자란 철저한 분석을 통해
원금을 안전하게 지키면서도
만족스러운 수익을 확보하는 것이다.
그렇지 않으면 투기다.

- 벤저민 그레이엄(증권분석의 창시자) -

차례

1장 똑똑한 투자자, 이것만은 꼭 확인하자

3깡 혼깨한 리스크 속에서 수익률을 창출하려면?

4짱   유동성의 버블, 그 끝은?

파티는 즐기되
리스크는 대비하자

주식시장의 상승흐름은 가파르다. 미국대선에서 바이든 전 부통령이 미국의 제46대 대통령으로 당선된 뒤 리스크가 해소되었다는 의미로 지수는 상승하고 있다. 개인의 매수세가 이어지고 있으며 산업구조 변화에 따른 기대감이 나타나면서 KOSPI는 꿈의 지수라 할 수 있는 3000선을 금세 뛰어넘었다. 미국대선 이전에는 결과에 대한 불확실성으로 인해 제한적으로 움직이는 모습을 보였지만 코로나19 백신개발 기대감, 이에 따른 경기회복 가능성이 한꺼번에 반영되고 있다.

긍정적인 측면을 보고 여기에 풀려 있는 유동성과 함께 미국을 중심으로 한 추가적인 완화책 기대감 역시 상존하는 만큼 지수상승 요인으로 작용했다. 단기적인 측면에서 본다면 긍정적인 것은 맞다. 하지만 이러한 요인이 지속될 수 있을 것인지에 대해서는 냉정하게 평가할 필요도 있다.

지수가 상승하고 있는 만큼 개인들의 주식시장에 대한 관심은 다시 커지고 있다. 하지만 기초적인 지식 없이 '남들이 주식투자를 하니까 따라서 나도 해야겠다'라는 마음가짐으로 투자를 하는 것은 반대한다. 손쉽게 그리고 겁없이 접근할 수 있는 시장은 아니기 때문이다. 시장에 종사하고 있음에도 시장의 방향을 예측하는 것은 어렵고 힘든 것임을 잘 알기에 무작정 뛰어드는 것을 지양하기 바라는 마음이다.

그래서 기초적으로 지표들을 공부하고, 이러한 지표들이 어떻게 영향을 미치는지, 이러한 지표를 어떠한 관점으로 봐야 하는지를 먼저 파악하는 것이 중요하다. 대외 및 내수경제를 대표할 수 있는 수출 및 소비와 관련된 지표, 수출중심의 경제구조 특징상 수출입에서 중요한 환율흐름, 낮은 수준이나 상승세를 보일 가능성이 높은 금리흐름과 경기흐름을 먼저 확인할 수 있는 관련 지표, 주식시장에서 중요한 수급과 정보 등을 먼저 1장에서 간략하게나마 짚고 넘어가고자 한다. 이는 주식시장을 파악하는 데 있어 가장 기본적인 것들이기 때문에 이에 대한 이해가 바탕에 깔려 있어야 한다.

2020년은 큰 변화가 있었던 해였으며, 2021년 역시 이러한 변화의 흐름이 이어질 것으로 보인다. 따라서 시의적절한 대응이 어느 때보다 더욱 중요하다고 판단한다. 풍부한 유동성으로 인해 지수가 상승할 수 있었으며 여기에 경기개선 기대감까지 더해진 만큼 유동성 방향 역시 고민스러운 이슈이다.

●

유동성 장세는 지속,
그 효과는?

이에 2장에서는 이와 관련된 간략한 이야기를 정리해봤다. 과거 글로벌 금융위기 당시에도 2020년과 같은 양적완화를 통해 증시의 하락을 방어했고 이는 상승요인으로 작용했다. 물론 펀더멘털의 회복에는 긍정적으로 작용했다고 단언하기 어렵지만 투자심리에 긍정적인 영향을 미쳤던 것은 사실이다. 이에 지금까지도 유동성 장세가 이어진 것으로 판단할 수 있다.

리먼브라더스 파산으로 인해 미국경제를 중심으로 글로벌 경제 및 금융시장에 후폭풍이 찾아오면서 크게 두 차례의 양적완화를 시행했다. 금융위기로 인한 경기둔화를 방어하기 위해 미국을 시작으로 유로존에서도 기준금리를 인하한 뒤 결국에는 양적완화를 실시하게 되었다. 이러한 기조는 지금까지도 꾸준히 이어지고 있다.

하지만 우리 기대와 다르게 양적완화의 효과가 실물경제에 크게 나타나지 않았다. 미국발 서브프라임 모기지는 유럽을 비롯한 전 세계로 확산되었으며 2010년부터 그리스, 아일랜드, 포르투갈, 스페인 등 남유럽을 중심으로 한 국가들의 경제위기가 나타났다. 자산가격의 하락, 심각한 국가부채 및 높은 실업률 등이 현재까지도 이어지고 있다.

시중의 풍부한 통화량은 유지되고 있으나 경기는 느리게 개선되는 등 '저물가, 저성장, 저금리'라는 3저 시대가 시작된 것이다. 세계 교역량이 크게 감소하고 유동성 공급에 따른 국가별 재정적자 문제가 오히려 부각되면서 리스크 요인으로 작용했다. 이에 각국 정부 및 중앙은행에서 기대하던 유동성 공급으로 인한 경기개선의 긍정적인 효과는 나타나지 않았다. 즉 유동성 함정에 빠진 것이나 다름없었다. 이러한 경험 때문에 지금의 무제한적인 유동성 공급에 대한 효과에도 의문이 지속적으로 제기되는 것이다.

부진하던 경기가 일부 되살아나는 모습을 보였으나 2020년 초 코로나19의 확산으로 다시 경기둔화 우려가 커지고 실제로 지표부진이 두드러졌다. 완만하게 상승세를 보이던 주식시장도 2020년 3월 가파르게 지수가 하락하는 등 공포심리가 극에 달했다. 하지만 지금은 무제한적인 유동성 공급 효과, 코로나19 백신에 대한 기대감으로 공포심리는 완화되었다. 이에 주식시장에서는 3월의 하락을 모두 만회했고 전고점을 상회했으며 새로운 지수대에 안착하는 등 긍정적인 모습으로 나타나고 있다.

이러한 유동성 공급과 미국대선의 종료, 백신개발에 대한 기대감이 겹치면서 다시 지수는 가파른 상승흐름을 보이고 있으나 리스크가 온전히 사라진 것은 아니다. 유동성은 언제든 상황이 악화되면 추가로 공급하겠다는 입장인 만큼 시장에서는 유동성이 크게 늘어나지 않고 공급된 유동성에 대한 효과로 인해 금융시장은 안정을 찾았다. 유동성의 공급으로 펀더멘털 개선이 나타난 것은 아니지만 글로벌 주식시장은 모두 전고점을 경신하는 등 상승흐름을 이어가고 있다.

이러한 대규모의 유동성으로 인해 웬만한 악재에도 시장은 크게 흔들리지 않는 모습이며 유동성을 즐기고 있다. 만약 코로나 19가 재차 확산된다고 하더라도 경기가 다시 위축되는 모습을 보이면 추가적으로 유동성을 공급할 것이라는 기대감이 이어지고 있기 때문이다.

경기둔화를 방어하기 위한 유동성은 지속적으로 시장에 유입될 것이며, 이는 자산시장의 가격상승으로 연결될 것이다. 유동성 장세가 이어지는 가운데 추가적으로 대규모의 유동성이 공급된 만큼 이에 따른 효과는 지속될 것이다. 따라서 이러한 유동성 장세를 즐기는 것이 지금은 필요하다.

유동성이 주는 명과 암은 다음과 같다. 초반에는 유동성이 공급되면서 불안한 투자심리를 완화시키며 시장에 우호적인 영향을 미친다. 하지만 유동성 공급에 따른 기대감은 시간이 지나면서 서서히 약화되고 경기개선 등 펀더멘털에 대한 관심이 커진다. 유동성 버블은 쌓여가고 있는데 근본적인 체질 개선이 나타나지 않는다면 오히려 부정적인 영향을 미치게 되면서 더욱 큰 리스크 요인이 되는 것이다.

●

변화된 패러다임,
변화에 적응할 때

유동성 장세는 당분간 이어질 것이며 경기둔화를 방어하기 위해 선택한 최후의 수단이라 할 수 있다. 따라서 투자자 입장에서는 유동성이 공급되는 시장의 흐름을 읽고 적절하게 이를 활용하는 것이 효과적인 전략이라 할 수 있다.

글로벌 금융위기 이후 전반적인 경제 패러다임이 변했으며 코로나19로 인해 다시 한 번 패러다임은 변했다. 경기의 진폭은 더욱더 좁아졌으며, 일시적으로 경기가 크게 둔화되더라도 유동성에 의해 빠르게 회복은 되지만 이전의 경제수준에는 미치지 못하는 상황이 될 것으로 예상한다.

가장 큰 문제는 노동생산성이 감소하고 빈부격차가 더욱 벌어지고 있다는 것이다. 제조업 중심의 산업구조가 IT를 중심으로 한 정보통신, 서비스업의 구조로 변하면서 노동력이 중요한 시대는 지나갔다. 기술의 발달로 인해 로봇과 인공지능이 발전하면서 노동력을 대체하고 있으며 이러한 현상은 점차 강화되고 있다. 노동력이 단순하게 투입되어 생산성을 끌어올리는 시대에서 벗어나고 있다는 것이다.

이러한 사회흐름에 따라 시가총액 상위종목들의 흐름 역시 변하고 있다. 지금은 IT 관련 기업, 4차 산업 도래에 따라 산업구조 변화를 받아들인 기업들이 시가총액 상위에 포진해 있다. 즉 산업구조가 변하고 있다는 것을 주식시장에서도 바로 반영하는 것이다.

이러한 구조적인 요인들로 인해 노동생산성은 둔화되고 있다. 글로벌 금융위기 이후 둔화된 노동생산성은 다시 코로나19 사태로 인해 재택근무가 늘어나게 되면서 더욱 둔화될 것으로 예상된다. 노동생산성이 개선되어야 경기 사이클 진폭이 다시 커지는 등 경제성장에 대한 기대감이 살아나면서 우호적일 수 있지만 경제의 패러다임이 변한 시점에서는 이를 개선하는 것이 그다지 쉽지 않을 것이기 때문이다.

코로나19의 확산에 따라 노동시장의 충격 역시 불가피하고, 이는 임금의 감소와 실업자 수 증가로 연결되면서 소비의 감소가 이어진다. 여기에 풍부한 유동성으로 인해 자산가격의 상승이 나타나고 있다. 자산가격의 상승으로 인해서 더욱 경제적인 양극화는 커질 수밖에 없는 상황인 것이다. 코로나19가 야기한 경기둔화 속에서 노동생산성과 양극화의 가속화로 인해 향후에도 경기 사이클의 회복은 쉽지 않을 것으로 예상한다. 풍부한 유동성이 자산가격상승으로 연결되면서 더욱 양극화는 두드러질 것이다.

유동성의 공급은 단기적으로 투자심리에 긍정적인 영향을 미치는 것은 맞지만, 이는 통화가치 하락으로 연결되며 각국 정부의 빚으로 남게 되는 것이다. 결국 이러한 빚을 어떻게 해결할 것인지가 문제라 할 수 있다.

현재 상황에서는 유동성으로 인한 버블을 즐기는 것이 중요하다. 하지만 유동성 버블이 꺼질 때를 서서히 대비해야 한다. 유동성 버블이 꺼지는 그때, 우리가 직면할 경제는 지금은 상상할 수 없을 정도의 깊은 불황으로 나타날 수 있다. 전혀 경험하지 못한 세계를 맞닥뜨릴 수 있기 때문이다.

사실상의
MMT 시대 개막

예상치 못한 코로나19의 발생은 다시 미국을 중심으로 한 유동성 공급 시대로의 개막을 알리게 되었다. 미국이 지난 2020년 3월 발표한 양적완화는 사실상의 MMT라고 볼 수 있다. MMT란 Modern Monetary Theory, 즉 현대통화이론으로 '정부 지출이 세수를 상회해서는 안 된다'는 기존의 경제학적 이론 대신 '경기부양을 위해 화폐를 계속적으로 공급해야 한다'는 내용을 담고 있다. 이에 대해 기존 경제학계에서는 재정적자를 확대할 경우 급격한 물가상승이 나타난다고 반대하고 있다.

코로나19로 인해 미국에서는 직접적으로 국민들에게 현금을 지급했기 때문에 양적완화의 일환인 MMT라고 볼 수 있으며 '헬리콥터 머니'로 개인에게 소득을 지급한 것이다. 이렇게 화폐가 시중에 공급되고 대선 이후에도 추가적으로 MMT에 기반한 정책이 이어질 것이라는 기대감이 이어지고 있어서 달러의 가치는 낮아지고 있다.

그렇다면 한국의 양적완화 정책과는 어떤 것이 다르다고 할 수 있을까? 우리도 MMT에 기반한 정책을 펼칠 수 있을까? "쉽지 않다"는 것이 답이 될 것이다. 그 이유는 원화가 기축통화가 아니기 때문이다. 달러는 전 세계에서 가장 수요가 많은 기축통화이기 때문에 화폐발행이 일어난다 하더라도 급격한 물가상승으로 연결되지 않는다. 하지만 원화의 발행으로 유동성을 공급하게 된다면 시중의 유동성은 기하급수적으로 늘어나면서 자산가격의 상승과 함께 인플레이션이 급속도로 진행될 수 있기 때문이다.

유동성에 따른 인플레이션은 2021년의 주요 이슈가 될 가능성이 높으며 과잉공급된 유동성에 따른 경제적 부작용이 발생할 수 있음을 염두에 두어야 한다. 그렇다면 이 풍부한 유동성이 언제까지 이어질 수 있을까? 지속적으로 화폐를 찍어내 경기를 되살리는 MMT가 자리잡게 되는 것일까?

IMF는 대규모 유동성으로 인한 실물경기와 금융시장의 왜곡에 대해서도 경고한 바 있다. 실질적으로 경기둔화는 나타나고 있으며, 일부 경기가 회복하는 모습을 보이더라도 코로나19 이전의 경제수준으로 되돌아가긴 힘들 것이라는 데 대부분 공감대가 형성되어 있다.

유동성이 지속적으로 공급되는 것 역시 다들 우려를 표명하고 있는 것은 사실이다. 하지만 코로나19로 인해 무제한적인 유동성이 공급되고 단기적으로 금융시장의 안정이 나타나자 MMT에 관심이 집중되었던 것이다. 코로나19로 인한 경기둔화가 나타나는 만큼 현재의 유동성 장세는 지속될 것으로 보인다. 코로나19의 재확산이 나타나고 있는 만큼 MMT에 기반한 완화적 기조는 여러 논의 속에서도 이어질 것으로 보인다.

●
유동성을
충분히 즐기자

현재 시중에 풀려 있는 유동성으로 인한 부작용에 대해서도 우려가 많은 것은 사실이다. 하지만 단기적인 관점으로 접근해본다면 분명 유동성은 투자심리에 긍정적인 영향을 미치면서 주식시장의 투자자 입장에서 본다면 호재이다.

그러므로 투자자는 이를 충분히 즐길 필요가 있다. 코로나19로 인한 경기둔화는 이어지기 때문에 추가적인 유동성 공급은 향후 2~3년 동안 저금리 기조와 함께 지속될 것이다. 유동성에 대한 제한적인 효과에 대해서도 분명히 인지를 하고 있는 것은 맞다. 하지만 현재의 경기구조의 흐름상 MMT를 기반으로 한 양적완화는 이어질 것으로 예상된다. 투자자의 입장에서는 유동성으로 인한 부정적인 효과를 고려할 필요는 있지만 화폐가치가 하락하고 있는 만큼 유동성의 버블에 올라타 자산시장의 가격상승을 충분하게 누려야 하는 것이다.

그래서 3장에서는 리스크가 지속되는 가운데 유동성이 풍부한 시장인 만큼 리스크가 무엇인지를 확인하고 수익률을 높일 수 있는 방법에 대해 정리해봤다.

앞에서도 언급했듯이 유동성은 경기둔화를 방어하기 위해 지속적으로 공급될 것이다. 현재는 추가적으로 공급되는 유동성이 제한적인 상황이지만, 코로나19의 재확산으로 인해 상황을 지켜본 뒤 다시 유동성 공급은 늘어날 것이다. 하지만 코로나19의 2차 확산이 현실화되고 있는 만큼 이에 따른 리스크 역시 다시 부각되며 투자심리를 위축시킬 수 있기 때문이다. 경제 패러다임의 변화와 인플레이션이 어느 정도 유지된다면, MMT에 대한 주류 경제학계의 반발 심리에도 글로벌 통화정책은 MMT가 주도할 가능성이 높다. 이러한 흐름 속에서 리스크에 따라 변동성은 이어질 것으로 예상되는 만큼 경제에 리스크가 될 수 있는 요인을 점검할 필요가 있다.

●

염두에 둬야 할
리스크 3가지

우리가 염두에 둘 리스크 가운데 첫 번째는 코로나19의 영향력이 지속되는 것이다. 계절적인 영향과 백신개발에 대한 기대감이 이어지면서 2021년 봄이 되면 코로나 리스크는 다소 완화될 가능성이 높다. 직접적인 영향력이 제한될 수 있지만 코로나19로 인해 사회적으로 양극화가 더욱 강해지고 있는 것은 우려스럽다.

과거에 비해 점점 사회의 양극화가 진행되는 것은 피할 수 없는 것이나 코로나19로 인해 노동시장이 크게 위축된 이후 경기회복에 대한 불안심리가 이어지고 소비가 위축되면서 고용시장에서의 양극화가 지속되고 있다. 이는 경제의 패러다임 변화와 함께 야기된 것으로, 특히 서비스업에 종사하는 노동시장에서 소외되는 임시근로자, 일용근로자에게는 독이 되고 있다. 노동시장의 양극화는 소비의 양극화로 연결되고 사회적으로도 갈등이 조장될 수 있는 사안인 만큼 양극화는 더욱 가파르게 심화될 것으로 예상한다.

두 번째 리스크는 미국 대통령의 변화이다. 공화당에서 민주당으로 백악관의 주인이 바뀌면서 전반적인 정책 역시 변화가 나타날 수밖에 없다. 완화적인 정책기조는 이어질 것으로 보이지만 소위 빅테크 기업들의 규제가 강화될 것으로 예상된다. 트럼프 대통령이 인하했던 법인세는 다시 인상될 가능성이 높으며, 반독점에 대한 규제 역시 강화될 것으로 보인다.

무역과 관련된 위축된 분위기는 앞으로 소폭이나마 완화될 것으로 보인다. 바이든 시대를 맞아 중국과의 관계개선이 트럼프 정부보다는 양호하겠지만 온전하게 해결되기는 어려울 것으로 예상된다. 여기에 코로나19로 인해 변화된 패러다임으로 다시 자유무역주의로 가지는 않겠지만 현재의 고립주의, 보호무역주의는 다소 완화될 것으로 판단한다.

세 번째 리스크는 인플레이션이다. 코로나19로 인해 더 많은 유동성이 공급되면서 물가상승에 대한 우려가 커지고 있다. 각국 중앙은행과 정부는 직간접적으로 유동성을 공급하고 있어 시중에 유통되는 통화량이 큰 폭으로 증가했다. 특히 본원통화 증가율을 본다면, 코로나19 사태 이후 큰 폭으로 증가한 다음 이러한 흐름이 지속되고 있다.

이번에는 이전과 비교했을 때 짧은 시간에 더 많은 유동성이 공급된 만큼 인플레이션의 발생 가능성 역시 고려할 필요가 있는 것이다. 통화량은 주택 및 주식 등 자산시장의 가격상승으로 나타났고, 경기침체에 대한 우려가 지속되면서 유동성을 실물경제에 공급하는 것보다는 불안한 심리를 기반으로 자산시장에 집중하게 된 것이다. 유동성이 늘어나면서 화폐가치가 떨어지기 때문에 상승여력이 있는 시장으로 유동성이 유입되었다.

물가가 상승하게 된다면 시중금리는 상승하게 된다. 완만하게 진행된다면 지금과 같이 주가의 상승흐름이 이어지고 경기에 긍정적으로 작용하겠지만, 생각보다 빠르게 물가가 상승할 경우 중앙은행은 기준금리를 인상할 수밖에 없다. 당장 크게 물가가 상승하고 금리가 큰 폭으로 상승하면서 개인들의 부채부담이 늘어날 가능성은 크지 않다. 저금리 기조가 유지되는 가운데 일시적으로 금리가 상승할 수는 있겠지만 긴축정책을 펼치면서 이를 유도하기는 쉽지 않을 것이다.

하지만 결국에는 과도한 유동성이 만들어낸 버블은 리스크로 작용할 수밖에 없으며 결국 인플레이션은 피할 수 없을 것으로 예상한다. MMT에 따르면 과도한 인플레이션이 없다면 화폐를 무제한적으로 찍어내도 된다고 한다. 지금 저물가 기조가 이어지고 있는 만큼 MMT 이론이 다시 주목을 받고 있지만 현재의 무제한적인 유동성 공급이 실물 부문에 직접적으로 투입되지 않고, 소비가 아닌 자산시장의 투자로 나타나면서 가격상승이 유도되고 있기 때문에 인플레이션을 피하기 어려울 것으로 보인다.

●
MMT는
대세가 될 것인가?

풍부한 유동성이 기업의 투자로 연결되고 투자가 활성화되면서 고용시장도 살아나고 소비 역시 회복하는, 이러한 선순환 구조가 나타나야 경기가 온전한 회복 국면에 진입했다고 할 수 있다. 하지만 여전히 경기둔화에 대한 우려가 지속되고 있으며 회복에는 시간이 걸릴 수밖에 없다고 예상하는 것이다.

현재 상황에서는 어떤 정책이 더 타당할지 알 수 없다. 단기적으로는 무제한적인 유동성의 힘이 강하게 작용하면서 투자심리에 긍정적이지만 지속되기는 어렵다고 판단한다. 경기가 온전하게 회복될 때까지 완화적인 기조는 이어져야 하는데, 과거 글로벌 금융위기 때도 경험했듯이 출구전략을 함부로 언급하기는 쉽지 않다. MMT가 맞다면 특히 출구전략은 존재하지 않게 된다.

계속 찍어내는 화폐만이 능사는 아니다. MMT를 모든 국가에 적용할 수는 없다. 그리고 기하급수적으로 늘어난 국가의 빚, 그리고 유동성에 따른 자산시장의 가격상승 역시 언제까지나 용인될 수 있는 수준은 아니다.

무제한적인 유동성으로 인해 쌓이고 있는 버블이 당장 터지지는 않겠지만 유동성은 분명 조절되어야 하며, 앞으로 닥칠 더 큰 리스크를 방지하기 위해서라도 이후의 전략을 미리 고심해야 한다.

포트 조정을 염두에 둬야 할
시점이 다가온다

지금은 상존하고 있는 리스크 속에서도 유동성 장세가 나타나고 있지만 과거와 비슷한 패턴이 형성되면서 변동성이 확대될 가능성이 크다. 아직은 유동성 장세가 이어질 것으로 보이지만 향후 버블이 꺼지면서 변동성지수의 상승과 함께 주식시장은 큰 폭으로 조정될 가능성이 높다.

지금의 시장이 닷컴버블과 비슷한 모습을 보이고 있으나 유동성에 의한 상승 이후 실적장세로 연결될 것인지는 시간이 지나야 확인할 수 있다. 리스크가 지속되는 가운데 완화되기 쉽지 않은 환경 속에서 유동성에만 의존하고 있는 만큼 다소 보수적인 관점이 적절해 보인다.

이러한 리스크 요인을 생각했을 때 개별종목을 중심으로 주식시장에 대해 대응을 하는 것이 적절하며, 자산시장 내에서 적절하게 분산투자를 하는 것이 수익률을 지키는 방법이 될 것이다. 어차피 유동성은 시장에 풍부한 만큼 유동성이 어디로 흘러갈 것인지를 고민해야 하는 것이다.

리스크로 인해 변동성은 확대되고 경계심리가 강해지고 있는 것은 맞지만, 여전히 유동성이 지속되고 있는 만큼 이에 기반한 상승흐름은 다시 나타날 가능성이 높다. 따라서 유동성의 버블을 충분히 즐기는 가운데 이후의 전략을 미리 세워 대비하고 과감하게 행동할 필요가 있다.

물론 아직 발생하지도 않은 리스크를 고려해 안전자산의 비중을 높이는 전략에 대해 부정적인 의견이 있을 수 있다. 하지만 항상 발생할 수 있는 리스크를 고려하고, 이에 대응할 수 있는 전략을 세워야 빠르게 대응할 수 있는 법이다.

유동성으로 인해 자산시장의 가격버블이 나타났으며 이는 2021년에도 이어지겠지만, 리스크가 부각되면서 변동성은 확산될 것이다. 따라서 2021년은 포트폴리오의 다변화가 무엇보다 중요한 한 해가 될 것이다. 그래야만 리스크 확산에도 불구하고 적절하게 대응하면서 수익률을 지킬 수 있게 될 것이다.

투자를 하기 위해서 필요한 것은 여러가지가 있겠지만 기초가 튼튼해야 한다. 그래서 1장에서는 중요하다고 생각되는 주요 지표들을 소개하고, 어디서 이러한 지표들을 어떻게 확인해야 하는지, 나아가 이러한 지표들이 가지는 의미가 무엇인지를 간략하게 정리해봤다. 기초를 튼튼히 한 뒤라면 향후에 관련된 정보들을 접할 때 훨씬 더 쉽게 이해할 수 있으며, 앞으로 자산관리를 할 때에도 똑똑한 투자자로 현명하게 행동할 수 있을 것이다.

1장

똑똑한 투자자,
이것만은 꼭 확인하자

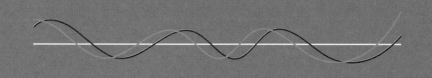

우리나라는
역시나 수출왕!

우리나라의 경제구조를 파악하기 위해서 가장 중요한 지표 중 하나는 수출이다. 그렇기 때문에 수출의 변화를 확인하고 이에 따라 전략을 세우는 것이 필요하다. 매월 1일 발표되는 수출입 지표와 함께 10일 간격으로 발표되는 수출동향 역시 꼭 확인하고 넘어가자.

우리나라의 경제구조를 볼 때 가장 중요한 것은 수출이다. 내수중심의 국가와 수출중심의 국가로 크게 나눠질 수 있는데 우리나라는 수출중심의 국가로, 한 나라의 경제가 수출에 의존하는 정도를 의미하는 수출 의존도를 보면 2019년 기준 39.8%로 다른 주요 국가들에 비해 높은 편이다. 하지만 과거에 비해 수출이 차지하는 비중이 서서히 낮아지고 있는 것은 사실이다.

그래서 우리나라 경제를 파악하기 위해서는 수출중심의 데이터를 확인해야 한다. 가장 비중이 큰 산업이 반도체이며 그에 따라 경제 전반적인 분위기와 함께 주식시장에서의 지수 움직임도 결정된

수출 의존도

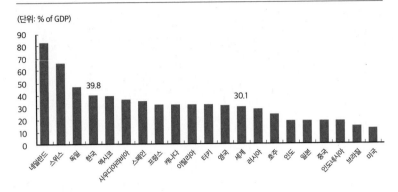

(단위: % of GDP)

수출 의존도는 주요 국가의 GDP 대비 수출 비중을 나타내는 것으로, 경제에서 수출이 차지하는 비중을 의미한다. 수출입 총액을 GDP로 나누는 무역 의존도, 수출액을 GDP로 나누는 수출 의존도, 수입액을 GDP로 나누는 수입 의존도 등이 관련된 지표이다.

자료: World bank(2019)

다. 시가총액 1, 2위 기업이 반도체 대표기업이기 때문이다.

4차 산업의 영향으로 인해 제조업에서 서비스업으로 점차 무게가 넘어가고 있고 주식시장에서도 시가총액 상위 기업들의 변화가 나타나고 있지만 아직 우리나라의 경제는 수출기반이다. 따라서 수출의 변화를 살펴보는 것이 투자의 기본이라 할 수 있다.

전반적인 글로벌 경제 분위기 역시 수출을 통해 파악할 수 있다. 국내수출 1, 2위 국가는 중국과 미국으로, GDP를 보더라도 1, 2위가 미국과 중국이기 때문이다. 글로벌 경제가 정말 둔화되고 있는지, 아니면 바닥을 다지고 개선되고 있는지 등을 수출 데이터를 통해 직간접적으로 확인할 수 있는 것이다. 경제에 영향을 미칠 수 있

2019년 GDP

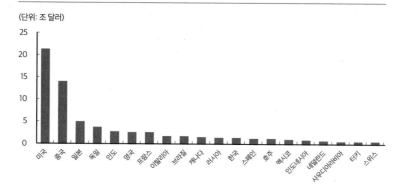

(단위: 조 달러)

주요 국가의 GDP로 전 세계에서 미국과 중국이 차지하는 경제력이 크다는 것을 확인할 수 있는 가운데 코로나19로 인해 2020년의 GDP는 변화가 있을 것으로 예상된다. 어느 국가의 순위가 변하는지 확인해보는 것도 하나의 재미가 될 수 있다.

자료: IMF(2019)

는 여러 요인이 있지만 간단히 우리나라의 수출 데이터만으로도 흐름을 파악할 수 있다.

최근 경기개선에 대한 기대감과 함께 글로벌 교역량 회복과 국내수출 데이터 역시 조금씩 개선되고 있다. 마이너스를 기록하던 수출액은 플러스로 전환된 뒤 증가율이 커지고 있으며 주요 산업을 중심으로 개선세가 뚜렷한 상황이다. 이는 산업통상자원부에서 발표하는 수출입 동향을 보면 더욱 자세하게 파악할 수 있다.

이러한 수출의 개선이 나타나는 가운데 여기서 우리가 확인해야 할 것은 산업의 흐름이다. 성장하는 산업과 부진한 흐름을 보이는 산업을 손쉽게 알 수 있다.

국내수출에 부정적 영향을 미친
무역분쟁과 코로나19

경기가 둔화된다면 수출과 수입 모두 위축될 수밖에 없으며, 특히 미국과 중국의 무역분쟁, 코로나19 사태로 인해 전반적인 글로벌 경기에 부정적인 영향을 미친 것을 염두에 둘 수밖에 없다. 그동안 저렴하게 제품을 공급해주던 중국은 미국과의 갈등으로 인해 제재를 받았으며, 우리처럼 수출 의존도가 높은 국가는 상대적으로 불리한 상황이 연출되었다. 이에 따라 미국과 중국의 갈등이 격화되면서 국내경기에 대한 우려가 확산되었으며 주식시장 역시 부정적인 영향을 받았다.

코로나19 역시 마찬가지이다. 글로벌 경제가 크게 위축되면서 성장률은 처음 보는 수치였으며, 2020년 대부분의 국가는 역대 최저수준을 기록할 가능성이 높다. 따라서 수출의 호조가 나타나기는 어려운 상황이기 때문에, 이에 따라 투자심리와 국내경제에 부정적으로 작용하는 것이다.

다만 중국과 경합하는 상품은 오히려 미국과 중국의 갈등이 기회이기도 했다. 저렴한 중국제품보다는 다소 단가가 높더라도 품질이 우수한 국내제품에 대한 수요가 증가했으며 판로를 넓힐 수 있는 기회가 되었다. 하지만 글로벌 무역이 이제는 자유주의에서 보호무역주의로 흐름이 변하고 있기 때문에 이에 대한 대응은 필요하다.

현재의 수출 데이터를 통해 경제상황은 긍정적이며, 다만 사회의 변화로 인해 수출 의존도는 서서히 낮아지고 있다는 것을 알 수 있었다.

●
수출 데이터를
확인하는 방법

그렇다면 데이터를 조금 더 세부적으로 어떻게 봐야 할지가 중요하다. 매달 1일 산업통상자원부는 보도자료를 통해 전월 수출입이 어떠한 흐름을 보였는지 발표한다. 여기서 기본적인 데이터들은 모두 확인할 수 있다.

앞에서 주요 특징에 대해 간략하게 정리해놓고 있어 이것만 읽어보더라도 핵심에 대해서 상세히 파악할 수 있다. 여기에 더욱 자세하게 품목별, 지역별로도 동향을 설명하고 있어서 매달 수출입 동향 보도자료만으로도 수출에 대해서는 기본적인 내용을 모두 파악할 수 있다.

또한 우리나라에서는 관세청에서 10일 단위로 수출입에 대해 발표를 한다. 1~10일, 1~20일로 미리 발표를 하기 때문에 다른 국가들보다 그 흐름을 먼저 파악할 수 있다. 이에 다른 국가에서도 국내의 수출입 데이터를 통해 방향성을 예측하기도 한다.

발표되는 과거 데이터는 우리나라의 산업통상자원부, 관세청 보

세계 교역량 증가율

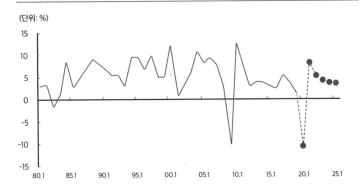

자료: IMF, World Economic Outlook Database(2020.10)

세계 교역량 증가율 데이터를 보면 글로벌 금융위기 이후 전반적인 교역량이 줄었음을 확인할 수 있다. 2020년은 코로나19로 인해 크게 줄어들 것으로 예상하며, 이후 회복을 하겠지만 전반적으로 성장세는 둔화될 가능성이 높다고 판단한다.

도자료를 통해 확인할 수 있다. 그렇다면 향후 수출입과 전 세계 교역량은 어떻게 확인할 수 있을까?

세계무역기구(WTO)는 전세계 무역 관련 경제기구로서 교역량에 대한 변화를 전망하는 보고서를 제시하고 관련 데이터 역시 업데이트를 한다. 과거 데이터 역시 제공하는 만큼 교역량의 변화를 확인할 수 있으며, 향후 방향성 역시 예측할 수 있다. 이를 통해 우리나라의 수출이 어떠한 방향을 보일 것인지 추측할 수 있다.

이와 함께 중요한 것은 성장률이다. 우리가 흔히 들어본 국제통화기금(IMF), 경제협력개발기구(OECD), 세계은행(World Bank) 등에서 향후 성장에 대해서 데이터와 함께 보고서를 통해 분석을 하고 있다. 차이는 분명 존재하겠지만 세계적인 경제학자들이 모여서 분석을 하는 만큼 그 신뢰도 역시 높으며 쉽게 확인할 수 있다는 점에서 데이터를 적극적으로 활용할 필요가 있다.

지금은 저성장 국면인 가운데 코로나19로 인해 전 세계의 경제가 더욱 어려워진 상황이다. 하지만 2020년 부진한 상황을 딛고 2021년에는 기저효과 등이 반영되면서 개선될 것이라는 기대가 팽배한 상황이다. 이러한 것이 국내 수출에 긍정적인 것만은 아니다. 글로벌 교역체계가 점차 위축될 가능성이 높은 만큼 쉽지 않다. 하지만 어려운 환경 속에서도 분명히 수출의 활로를 찾는 산업이 있는 만큼 앞에서 제시한 데이터를 통해 확인하면서 활용도를 높이는 것이 중요하다.

그래도 소비는
뺄 수 없지!

일반적으로 국가의 경제구조를 설명할 때 수출(무역)중심의 국가인지, 내수중심의 국가인지를 말하게 된다. 앞에서는 수출에 대해 살펴봤으니 그 다음은 내수, 즉 대표적으로 소비에 대해 살펴볼 필요가 있다. 일반적으로 수출중심에서 내수중심의 국가구조로 변하게 되기 때문이며 우리나라 역시 안정적인 내수환경을 조성할 필요가 있다.

선진국과 신흥국의 경제구조 가운데 가장 큰 차이는 '수출중심인지, 내수(소비)중심인지'로 나타나는 경우가 대부분이다. 선진국은 소비흐름에 경제가 움직이는 반면, 신흥국은 수출흐름에 경제의 방향성이 결정된다.

우리나라를 신흥국으로 분류하기에는 약간 애매한 부분도 있으며, 2020년 코로나19로 인해 부정적인 영향을 받았음에도 OECD 국가 가운데 가장 양호한 성장률을 기록할 것으로 예상된다. 서서히 수출 의존도가 낮아지고 산업구조가 변할 것을 예측해본다면 소비에 대한 관심, 경제적인 의미 역시 고려해야 한다.

2020년 예상 성장률

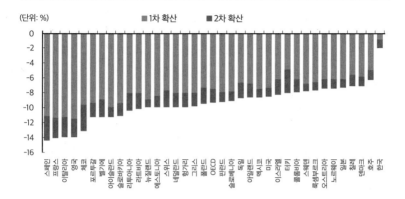

(단위: %)　　■ 1차 확산　　■ 2차 확산

OECD는 코로나19의 발생으로 인해 글로벌 성장률이 크게 둔화될 것으로 예상한다. 계절적 영향을 받아 2차 확산이 나타나고 있으며, 이보다 더욱 성장률은 부진하게 나타날 가능성도 있다.

자료: OECD

●

심리지수로 확인하는 경기,
소비자심리지수

특히 심리적인 측면에서 경기흐름을 확인할 수 있다. 소비자심리지수는 하순에 발표되는 것으로 경기에 대해 소비자들이 느끼는 생활형편을 표준화한 것이다. 현재생활형편, 생활형편전망, 가계수입전망, 소비지출전망, 현재경기판단, 향후경기전망 등 총 6개의 주요 개별지수를 합성했다[한국은행의 경제통계시스템(ECOS)의 9.2.1 소비자동향조사에서 조회할 수 있다].

기준은 100으로, 100을 상회하면 소비자들의 심리가 낙관적인 것이며, 100을 하회할 경우 비관적인 심리를 드러낸다고 할 수 있다. 우리나라에서는 소비자심리지수에 대해 2005년부터 본격적으로 발표해 시계열이 길지는 않지만 각종 상황에 대한 소비자의 심리를 해석할 수 있기 때문에 중요하다.

코로나19로 인해 경기둔화 우려가 확산되면서 2020년 4월 소비자심리지수는 70 초반까지 하락했으나 이후 완만하게 상승했다. 재난지원금 효과로 반등한 뒤에 상승하고 있으며 이는 내수시장의 회복에 긍정적인 영향을 미치게 된다. 하지만 여전히 기준을 크게

소비자심리지수

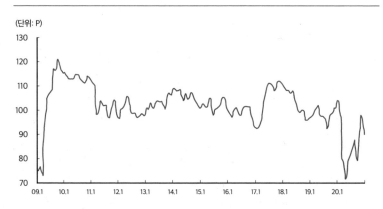

(단위: P)

한국은행에서 발표하는 소비자심리지수는 경제에 대한 소비자들의 전반적인 인식을 나타낸 것인데, 100을 기준으로 표현한다. 코로나19로 인해 소비자심리지수가 큰 폭으로 하락한 뒤 빠르게 회복하는 모습이다.

자료: 한국은행 경제통계시스템

하회하고 있으며 코로나19 이전 수준으로 회복하기까지는 시일이 소요될 것으로 판단한다.

2분기 성장률에서 내수 부문이 재난지원금 효과로 상승하면서 긍정적인 영향을 미쳤지만 수출 부문의 부진이 이어지고 있는 만큼 부진한 모습을 보였다. 수출에 대한 중요도는 앞에서 언급했는데, 내수 역시 중요성이 점점 커지고 있다. 다만 여전히 코로나19로 인한 우려는 상존하고 있기 때문에 회복에는 시일이 소요될 수밖에 없는 것이다.

다만 경기개선에 대한 기대감이 살아나면서 소비자심리지수에 긍정적인 영향을 미치고 있으며 이는 전반적인 투자심리에도 우호적인 요인이다.

지수흐름을 통해 향후 경기방향에 대해서 예상할 수 있어 투자를 하는 데 있어 소비심리를 파악하는 것이 중요하다. 특히 선행지표 역할을 하며 내수 상황에 대한 바로미터이기 때문이다.

여기에 6~9개월 이후 경기흐름을 예측하는 OECD 경기선행지수에 소비심리가 포함된다. 경기선행지수에는 주가, 장단기금리차, 소비심리, 구인구직비율, 기계주문 등 각 부문을 대표하는 선행지표들로 구성되어 있다.

최근 들어 OECD 경기선행지수의 흐름에 더욱 주목하는 상황이다. 코로나19 이전에는 지속적으로 선행지수가 하락했기 때문에 경기개선에 대한 신호를 확인하기 위해서였다면, 최근에는 코로나19로 인해 전반적인 경기둔화가 나타나는 가운데 반등의 신호를 확

OECD 경기선행지수

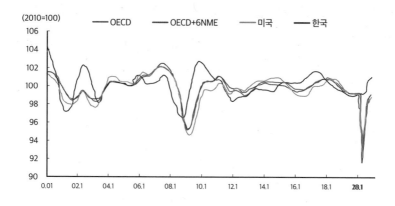

OECD에서는 매월 중순 경기선행지수를 발표한다. 6~9개월 정도 선행하기 때문에 향후 경기방향을 예측하기에 편리하다. 코로나19 확산에도 불구하고 우리나라의 OECD 경기선행지수는 상승세를 보였다.

자료: OECD, Bloomberg

인할 수 있을지를 찾으려 하기 때문이다.

통계청에서 발표하는 경기선행지수는 OECD와는 조금 차이가 있다. 코스피, 장단기금리차, 재고순환지표, 경제심리지수, 건설수주액, 기계류내수출하지수(선박 제외), 수출입물가비율 등 7개 지표를 바탕으로 구성한다. 지수의 차이가 있기는 하지만 큰 흐름은 크게 차이 나지 않으며, 각 나라의 경제상황에 따라 세부구성에서 차이가 있는 것이다. 이러한 선행지수를 통해 향후 경기흐름을 예상할 수 있다. 특히 심리적인 부분이 포함된 만큼 내수의 방향성을 가늠할 수 있는 것이다.

미국의 경우 컨퍼런스보드 소비자신뢰지수, 미시간대 소비자신뢰지수를 주로 활용한다. 컨퍼런스보드는 약 5천 가구를 대상으로 이메일을 통한 설문조사를 한 뒤 결과를 발표하는 반면, 미시간대 소비자신뢰지수는 약 600가구를 대상으로 전화 조사를 해 지수를 산출한다. 이에 미시간대 소비자신뢰지수보다는 컨퍼런스보드 소비자신뢰지수에 대한 신뢰도가 더 높다.

소비를 중심으로 한 경기상황을 예상하는 데 있어 소비자심리지수와 경기선행지수는 중요한 지표이다. 앞으로의 방향성이 정확하지는 않으나 어느 정도 예측할 수 있기 때문이다.

●

또 다른 중요 지표인
소비자물가

이와 함께 중요한 소비지표 중 하나는 소비자물가이다. 우리가 체감하는 소비자물가와 통계적으로 측정하는 소비자물가가 차이는 있으나 일상생활에 직접 영향을 주는 물가 변동을 추적해 소비자의 구매력 측정에 사용하며, 경제동향의 분석 등에도 이용한다.

변하는 사회흐름을 반영하기 위해 기준시점을 5년마다 변경하고 있으며, 소비자물가를 도출하는 기준 역시 변경하고 있다. 일상생활에서 구입하는 식료품, 의약품, 가전제품 등의 상품, 학원비, 집세, 버스요금 등의 서비스요금 등 460개 품목의 가격 움직임을 종합

생활물가지수

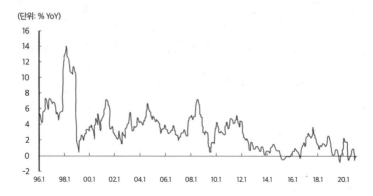

(단위: % YoY)

통계청에서 발표하는 생활물가지수는 소비자물가보다 체감하는 물가에 조금 더 가까운 지표이다. 하지만 생활물가지수를 보면 지수는 상승하고 있으나 전년동기대비로는 하락하는 등 저물가 흐름이 지속되고 있음을 확인할 수 있다.

*YoY: 전년 동기 대비 증감율
자료: 통계청

해 소비자물가지수를 작성한다.

일반 소비자들이 느끼는 물가는 통계청에서 생활물가지수라는 지표로 발표하고 있다. 생활물가지수는 기존 소비자물가지수 대상품목에서 소비자들이 자주 구입하는 품목을 모아 별도의 지표로 작성한 것이다. 쌀, 두부, 콩나물, 쇠고기, 귤 등 기본 생필품 위주의 141개 품목으로 산출하는 만큼 소비자물가보다는 생활물가지수가 체감하는 물가에 조금 더 가깝다.

소비자물가는 경기에 대한 판단지표로도 자주 활용된다. 일반적으로 경기가 상승 국면에 있으면 수요가 증가하면서 물가 역시 상승한다. 자산가격 및 상품가격이 상승하면서 기업의 이윤이 커지고, 화폐의 유통속도 역시 빨라질 수 있다. 하지만 물가가 과도하게 상승할 경우 인플레이션을 유발하게 된다. 경기가 하강 국면에 있으면 수요가 줄어들면서 물가 역시 하락한다.

자산가격 및 상품가격이 하락하고 물가의 추가적인 하락을 예상하는 소비자로 인해 소비심리 역시 위축되면서 기업의 이윤이 축소되고 유동성 역시 줄어들면서 물가하락이 장기화되며 경기에 부정적인 영향을 미치고, 디플레이션 우려가 커지게 된다.

그래서 적당한 소비자물가지수의 상승이 필요한 것이다. 물가가 너무 낮거나 높으면 각국 정부나 중앙은행이 정책을 펼치는 것 역시 물가가 실물경기에 미치는 영향력이 크기 때문이다.

우리나라 경제에서 소비, 즉 내수경제의 비중이 큰 것은 아니지만 점차 확대되고 있다. 선진국형 경제구조로 변하고 코로나19로 인한 언택트 사회가 본격화되면서 내수의 비중은 확대될 것으로 예상한다. 따라서 투자심리와 향후 경기흐름을 파악할 수 있는 지표들인 만큼 소비와 관련된 주요 지표인 소비자심리지수, 소비자물가, 그리고 경기선행지수 등의 흐름을 읽는 것이 투자의 방향성을 설정하는 데 더 중요한 역할을 하게 될 것이다.

환율은 어떻게
살펴봐야 할까?

개방도가 높은 만큼 환율의 움직임이 경제에 미치는 영향은 크다. 수출입 단가에 따라 기업의 실적 역시 큰 영향을 미치며, 환율에 따른 주식시장의 외국인 수급 역시 좌우되는 것이 상당하다. 따라서 어떠한 방향성을 가지고 환율이 움직이는지는 주식시장에 투자하지 않더라도 꼭 알아야 하는 기본적인 지표이다.

앞에서 언급한 것과 같이 우리나라는 수출중심의 국가이다. 여기에 금융시장의 개방도가 높은 만큼 환율은 금융시장의 흐름에도 큰 영향을 미친다.

환율이라 하면 특정 국가의 돈을 구매할 때 돈의 가치를 원화, 즉 우리나라의 돈으로 표기하는 것인데, 일반적으로 우리가 가장 많이 보는 것은 원달러 환율이다. '1달러당 몇 원의 가치를 가지고 있냐'고 표시하는 것으로 원달러 환율이 상승하면 원화가 약세이고 달러가 강세인 것이며, 반대로 원달러 환율이 하락하면 원화가 강세이고 달러가 약세인 것이다.

환율에 대해 우리가
잘못 알고 있었던 것

달러가 대부분 기축통화인 만큼 표준 환율 표기법은 기준통화(타국)/자국통화(한국은 원)로 USD/KRW가 정확한 표기이며, 원달러 환율로 읽어야 한다. 우리나라에서는 원달러 환율 또는 원/달러 환율로 표기하는 경우가 많으나 원칙적으로는 원달러 또는 원-달러가 맞는 것이다. 이는 우리나라에서만 통용되는 관행으로 자리잡은 것이며, 다른 나라의 환율을 이야기할 때는 정확한 표기대로 써야 한다. 예를 들어 달러 대비 엔화 환율은 USD/JPY, 달러/엔으로 표기해야 한다.

또한 통화가치를 언급할 때 잘못 말하는 단어 중 하나가 평가절상 또는 평가절하이다. 평가절상 또는 평가절하라는 표현은 원래 브레튼우즈 체제의 고정환율제도 하에서 정해진 환율을 변경하고자 할 때 합의를 거쳐 환율을 인위적으로 인상 또는 인하하는 경우에 쓰는 말이다.

따라서 현재 고정환율제도를 채택하고 있는 나라에서 인위적으로 환율을 인상 또는 인하하는 경우에는 자국통화를 평가절상 또는 평가절하한다고 말할 수 있다. 대표적인 예는 중국의 위안화로, 인민은행이 기준환율 대비 절상 또는 절하를 고시한다. 하지만 대부분 국가에서는 변동환율제도 하에 있기 때문에 환율은 외환시장의 수급에 따라 자동으로 결정되고 변동되는 것이 일반적이다. 이 경우에는 통화가치가 하락한다고 하거나 상승한다고 하는 것이 정확한 표현이다.

공급이 감소하거나 수요가 증가하면 환율은 상승하게 되며, 공급이 증가하거나 수요가 줄어들면 환율은 하락하게 된다. 일정한 흐름에서 환율이 움직인다면 경제에 미치는 영향을 어느 정도 대응할 수 있지만 불규칙하게 환율이 큰 폭으로 하락하거나 상승한다면 투자심리와 함께 경제전반에도 부정적인 영향을 미치게 된다.

일반적으로 가장 많이 보는 것은 달러인덱스이다. 이는 유로, 엔, 파운드, 캐나다 달러, 스웨덴 크로나, 스위스 프랑, 즉 6개국의 통화 대비 달러가치를 표현한 것이며 타국 통화 대비 달러의 비율로 기준이 100이다.

달러인덱스가 하락했다는 것은 다른 나라 통화 대비 상대적으로 달러가치가 하락했다는 것이며, 상승했다는 것은 다른 나라 통화 대비 달러가치가 상승했다는 것이다. 최근의 달러인덱스 하락은 달러약세로 유동성 공급 및 유로강세의 영향을 받은 것으로, 완화적인 통화정책 및 경기부양책이 이어질 것으로 예상되어 이러한 흐름은 지속될 것으로 판단한다.

이외에도 OITP(Other Important Trading Partners) 달러인덱스라고 불리는 19개 신흥국 통화가치를 표현한 달러인덱스가 있다. 무역가중 달러인덱스로 미 교역에서 중요한 19개 신흥국의 통화를 수출입 경쟁력 조건을 고려해 가중한 것인데, 신흥국 통화 대비 달러

2000년 이후 달러인덱스

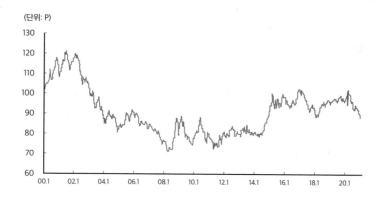

(단위: P)

달러인덱스는 다른 주요 6개국 통화 대비 달러가치를 표현한 것으로 100이 기준이 된다. 완화적인 통화정책, 경기부양책 등으로 인해 달러약세 흐름은 완만하게 이어질 것으로 예상한다.

자료: Bloomberg

의 가치를 표현한 것이다.

하지만 2019년 2월부터 달러인덱스가 재편되었다. Broad와 AFE(Advanced Foreign Economies), EME(Emerging Market Economies)로 미국과의 상호무역이 최고 0.5% 이상인 국가 통화를 기준으로 하면서 상품교역뿐만 아니라 서비스 무역까지 포함하게 되었다. 비중계산을 단순화하고 최근 상호교역 수치를 기준으로 국가를 변경하면서 베트남을 추가하고 베네수엘라를 제거했다. 기존 달러인덱스는 AFE로 변경했고, OITP 달러인덱스는 EME로 변경했다. 이러한 변경은 서비스 무역의 중요성을 반영한 것이다.

수출입 등 경제에 미치는
환율의 영향력

그렇다면 환율이 수출입에 미치는 영향은 어떨까? 한국의 수출입에서 환율이 중요한 이유는 국내에서 판매되는 제품 가운데 한국에서만 100% 생산되는 것은 거의 없으며, 생산이 되더라도 원재료나 운송 과정에 있어 필요한 원자재 등은 수입품이기 때문이다. 기초 원재료인 석유는 전량 수입하는 등 대외 의존도가 높아 환율은 중요할 수밖에 없다.

원달러 환율이 상승한다면 원화가 약세를 보이는 것으로 1달러당 지불해야 하는 원화가 많아지게 된다. 따라서 국외로 송금을 할때 부담스러울 수밖에 없다. 다만 수출기업의 경우 수출품의 달러 표시 가격이 하락하고 수입품의 원화 표시 가격이 상승하면서 유리한 환경이 조성된다. 이에 '원달러 환율이 상승하면 기업의 실적이 개선되겠구나'라고 예측하는 것이 위와 같은 이유 때문이다.

따라서 수출중심의 국가경제구조상 원달러 환율이 일정수준 상승하는 것은 기업의 이윤추구에 긍정적이기 때문에 투자심리에도 우호적으로 작용하게 된다. 하지만 원달러 환율이 하락하게 된다면 기업실적에 부정적인 영향을 미치게 된다. 다만 외채에 대해 생각해보면 기업의 이익과는 반대이다. 환율이 올라가게 되면 원화를 외화로 바꿀 때 들어가는 원화가 많아지기 때문에 외채상환 부담이 커지

수출과 원달러

전년동월대비 수출 증가율과 원달러 흐름을 보면 과거에 비해 최근 상관관계가 많이 낮아지기는 했으나 역의 관계가 존재함을 알 수 있다. 원화약세가 수출에 유리한 것은 맞지만 경제적인 측면에서 본다면 전반적인 무역이 둔화된다는 의미를 내포하기 때문이다.

자료: 한국은행 경제통계시스템, Bloomberg

게 되며, 한국에서 외국으로 송금할 때 역시 불리하다.

환율은 유가와 물가에도 큰 영향을 미친다. 원자재를 수입하기 때문에 환율이 상승하게 되면 달러의 수요가 늘어나면서 원달러 환율 상승으로 연결되게 된다. 또한 유가와 같은 원자재 상승은 물가의 상승으로 연결되며, 외화(대표적으로 달러)의 수요가 늘어나면서 다시 환율의 상승 요인으로 작용하게 된다.

경제상황과도 환율은 밀접한 관련이 있다. 최근 코로나19로 인해 글로벌 경제가 모두 위축된 상황에서 상대적으로 안전자산인 달러에 대한 수요가 늘어났다. 이에 원화가 약세를 보이며 원달러 환율이 상승한 것이다. 리스크가 확산되면서 신흥국 통화보다는 선진국 통화에 대한 선호도가 상대적으로 커졌기 때문이다. 하지만 상대적으로 한국경제가 코로나19의 영향력에도 불구하고 양호할 것으로 예상되고 무제한적으로 공급되는 유동성으로 인해 달러약세가 나타나면서 위안화 강세와 연동되어 원화는 강세를 보이고 있다.

경제는 유기적으로 움직이기 때문에 여러 요인에 영향을 받게 되며 환율과 여러 지표들은 상관관계가 있다. 그러므로 단순하게 한 방향으로 움직이기는 어려운 것이다.

●

투자 측면에서도
매우 중요한 환율

투자자 입장에서도 환율은 중요할 수밖에 없다. 개방도가 높은 주식시장의 경우 외국인의 투자방향이 흐름을 좌지우지하는 경우가 많다. 최근에는 개인들의 투자규모가 커지면서 외국인의 수급방향과 일치하지 않으면서 상관계수가 과거에 비해 낮아졌지만 그래도 여전히 외국인의 방향이 중요하다.

수급과 관련된 자세한 내용은 뒷장을 참고하기로 하고 여기서는 환율과 연관지어 설명을 하면, 원화가 약세를 보일 때 외국인이 한국주식을 살 경우에는 환차손을 입게 된다. 하지만 원화가 강세 흐름을 보인다면, 즉 원달러 환율이 하락한다면 외국인이 환차익을

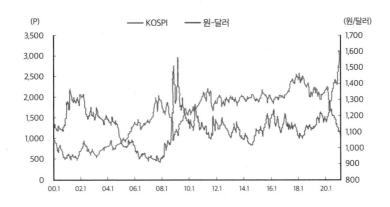

KOSPI에서 중요한 수급 주체는 외국인으로 환차익, 환차손 역시 생각하기 때문에 원달러 환율이 중요하다. 실제로 위의 그래프를 통해서 보더라도 강하지는 않지만 역의 상관관계가 있음을 확인할 수 있다.

자료: 한국은행 경제통계시스템, Bloomberg

얻게 되는 만큼 외국인은 한국주식을 매수하면서 주가 수익률도 더해지게 된다. 따라서 바이 코리아로 인해 달러공급이 늘어나고 다시 원달러 환율 하락 요인으로 작용한다.

원달러 환율이 상승한다면 외국인은 환차손을 고려할 수밖에 없다. 예를 들어 1주당 10,000원인 주식이 있다고 할 때 1달러당 1,000원이었던 원달러 환율이 1달러당 1,100원이 된다고 가정해보자. 처음에는 10달러로 1주를 매수할 수 있었으나 이제는 0.9주를 매수하게 되는 것이다. 수익률이 환차손보다 좋다면 그래도 매수한 주식을 보유하겠지만 원달러 환율이 상승흐름이라면, 즉 국내경기도 다소 어려운 상황이라 할 수 있기 때문에 외국인이 주식시장에서 매도하며 증시에 하락압력을 가할 것이다.

외국인이 주식을 매도할 때 환율의 움직임에 따라, 예를 들어 설명해보면 환율이 1,000원에서 1,100원으로 오르면 한국의 주식 100억 원을 매도했을 때 달러로 환전하면 약 9,090만 달러가 되어 1억 달러를 투자했을 때 910억 달러, 약 9.1%의 환차손을 입은 것이다. 반대로 환율이 900원으로 내리면 약 1억 1,111만 달러가 되어 약 11%의 환차익을 얻게 된다.

환율이 경제전반에 미치는 영향은 크다. 예를 들어 원달러 환율이 상승하면 긍정적인 측면과 부정적인 측면 모두 존재하게 된다. 어떠한 관점으로 환율을 볼 것인지에 따라 원달러 환율이 상승하는 게 좋을 수도 있고, 하락하는 게 좋을 수도 있는 것이다.

기본적인 개념에 대해 이해를 하고 이를 바탕으로 투자하는 데 활용한다면 환율흐름은 자신의 투자전략에서 하나의 무기가 될 수 있다. 특히 요즘 미국 주식시장에 대한 투자자가 늘어나는 만큼 환율에 대한 이해도는 더욱 중요하다. 따라서 방향성을 예측하는 것은 어렵지만, 흐름을 파악하고 그에 따라 대응할 수 있도록 환율에 대한 이해도를 높이는 것이 필요하다.

다양한 금리 꿈에서
뭘 봐야 하나?

일반적으로 뉴스 등을 통해 이야기되는 금리는 중앙은행에서 결정하는 기준금리이다. 이와 함께 주목해야 할 금리는 국고채 금리이다. 시중금리의 기준이 되는 것이 기준금리이나 국고채 금리의 흐름은 금융시장에 영향을 많이 미치고, 이에 따라 투자전략을 변경해야 하기 때문에 중요하다.

우리가 일반적으로 금리에 대해 많이 듣는 것은 그래도 '기준금리' 이다. 한국은행에서는 6주에 한 번씩 금융통화위원회를 통해 기준금리를 결정하고 있다. 2016년까지는 보통 매월 셋째 목요일에 개최했으나 2017년부터는 미국과 일본의 주기와 동일하게 6주에 한 번으로, 즉 연 8회로 축소했다.

기준금리는 말 그대로 물가와 경기변동에 따라 인위적으로 결정하는 금리로, 한국은행과 시중은행이 거래를 할 때 적용되는 정책 금리이다.

정확하게는 7일물 환매조건부채권(RP) 금리로 2008년 3월까지

2010년 이후 한국의 기준금리

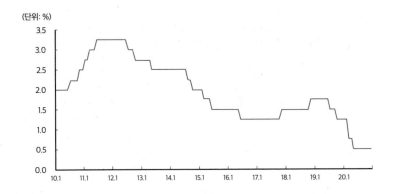

한국은행의 기준금리는 2020년 5월 한 차례 인하한 후 현재까지 0.50%로 유지되고 있다. 추가적으로 기준금리를 인하할 수 있는 여력은 있으나 기준금리를 인하하는 것보다 재정정책을 통한 경기부양을 중점으로 두고 있다.

자료: 한국은행 경제통계시스템, Bloomberg

는 콜금리를 정책금리로 사용했으나 콜시장 활성화를 위해 정책금리를 콜금리에서 RP금리로 변경했다.

●

금리의 기본인 기준금리를 둘러싼
정책당국의 고민

콜금리는 1일 단기 금리로, 하루 단위로 한국은행의 통제를 받자 콜시장의 자금수급 사정에 관계없이 고정되면서 시중의 자금사정을 제대로 반영하지 못하게 되었다. 이에 통제기간을 7일로 늘리며 탄력성을 부여하게 된 것이다.

일반적으로 중앙은행(우리나라는 한국은행)이 기준금리를 인상하면 시중은행의 금리도 같이 올라가고, 기준금리를 인하하면 시중은행의 금리도 같이 내려간다. 경기가 침체된 경우 중앙은행은 기준금리를 인하해 경기를 활성화시키고자 한다. 기준금리가 인하되면 시중은행의 금리도 인하되기 때문에 자금이 은행에서 다른 자산으로 유입되게 된다. 유동성이 풍부해지는 것이며 개인은 소비, 기업은 투자를 활성화하게 되어 일반적으로 경제 활성화 요인이 되는 것이다. 이러한 유동성은 주식시장과 부동산시장으로 유입되면서 자산가격의 상승으로 연결된다.

반대로 경기가 호황인 가운데 다소 과열된다면 중앙은행은 기준금리를 인상한다. 기준금리의 인상과 함께 시중은행 금리도 올라가면서 은행으로 자본이 유입된다. 시중금리가 인상된 만큼 대출을 하게 될 경우 부담이 커지게 된다. 개인의 소비와 기업의 투자는 줄어들게 되고 시중의 유동성은 감소하면서 경제성장 속도가 둔화되고 물가 역시 낮아지게 된다. 주식, 부동산 등 자산가격 역시 하락하게 되고 재산의 감소로 이어져 결국 이는 다시 소비위축으로 연결된다.

저금리 기조가 이어지고 있으나 코로나19 완화와 함께 경기개선에 대한 기대가 있는 만큼 금리변화 우려가 있는 것은 사실이다. 이른 시일 내 기준금리의 인상이 나타나지는 않겠지만 정책 기조가 변할 수 있기 때문이다. 실제로 이러한 기대감이 지표에 반영되고 있으나 기준금리 변화는 자산시장에 큰 변화를 가져오는 만큼 이번에는 더욱 신중하게 결정할 것이다.

●

금융시장에서
중요한 것은 국고채

이러한 기준금리가 바탕이 되는 가운데 국고채 금리 역시 금융시장을 분석할 때는 중요한 지표가 된다. 우리나라에서 국고채 금리를 볼 때는 주로 3년물과 10년물을 보게 되며, 미국은 2년물과 10년물

한국의 3년, 10년물 국고채 금리

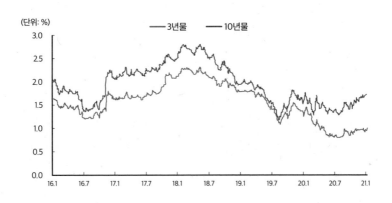

한국에서는 국고채 금리를 볼 때 주로 3년물과 10년물을 기준으로 본다. 경기개선에 대한 기대감이 반영되면서 국내의 국고채 금리도 조금씩 상승세를 보이고 있다.

자료: 금융투자협회 채권정보센터

이 핵심 지표이다. 물가와 기준금리를 반영하는 대표적인 시중금리로 단기물인 3년물(미국은 2년물)은 정책금리를 반영하며, 장기물인 10년물은 소비자물가상승 및 경제성장에 대한 기대 등이 반영된다. 우리나라 금리 데이터는 금융투자협회 채권정보센터에서 받을 수 있다.

시중금리가 하락한다는 것은 안전자산에 대한 선호가 높아지면서 채권가격이 상승한다는 것으로, 경기둔화에 대한 우려 등이 반영된 것이다. 앞에서도 잠깐 설명했듯이 경기가 불황이면 중앙은행이 기준금리를 인하하고 시중금리도 따라서 인하하기 때문이다. 여기서 중요한 것은 장기물과 단기물의 차이, 즉 장단기 금리차로 금리 인하기에 장단기 금리차가 좁혀진다는 것은 그만큼 경기에 대한 불확실성이 확산되고 있는 것으로 해석할 수 있다.

미국에서 장단기 금리가 역전되면서 스프레드가 마이너스를 기록해 경기둔화 우려가 확산되었다. 현재의 경제성장보다는 향후의 경제성장이 부진할 가능성이 높다는 예측이 금리에 나타난 것이며, 과거에 장단기 금리가 역전되었을 때 대체로 경제위기가 나타났던 만큼 장단기 금리의 추이에 관심이 집중되었던 것이다.

반대로 장단기 스프레드가 벌어진다는 의미는 무엇일까? 이는 금리 하락기와 상승기 모두 나타날 수 있는 것으로, 상승기에는 경기개선에 대한 기대감이 더욱 크다는 것이며, 하락기에는 현재 경기둔화에 대한 우려가 더욱 확산된다는 것이다.

미국에서 10년물과 3개월물 금리가 역전되면서 공포심리가 확산되었으나 다시 지금은 경기개선에 대한 기대감이 확산되면서 스프레드가 벌어지고 있다. 금리가 역전된다고 해서 항상 바로 경제위기가 나타났던 것은 아니고 시차는 존재했으며, 여전히 코로나19로 인한 글로벌 경제의 불확실성은 지속되고 있는 만큼 금리 하락기라는 사실은 변함이 없다.

완화적인 통화정책이 이어지고 연준에서도 2023년까지 저금리를 유지하겠다는 기조를 밝혔기 때문이다. 경제가 살아나면서 출구전략에 대한 논의가 제기되고 이로 인해 금리가 상승할 수 있다. 하지만 저금리 기조가 이어지는 가운데 일시적으로 기저효과에 따른

주요국 국채 10년물 금리

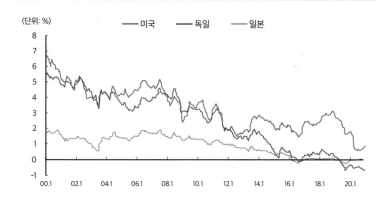

주요국 금리의 흐름을 보면 전반적으로 낮아져 저금리 시대가 이어지고 있다. 다만 최근 코로나19의 확산에도 불구하고 경기개선에 대한 기대 등이 반영되면서 소폭이나마 반등하는 모습을 보이고 있다.

자료: Bloomberg

지표개선으로 금리가 상승하는 것이지 추세적인 상승이 나타나기는 힘들 것으로 보인다.

투자적인 관점에서 본다면 장기금리와 단기금리를 대변할 수 있는 3년물과 10년물, 미국의 경우에는 2년물과 10년물의 금리 움직임을 살펴보면 된다. 물가와 금리정책을 대체로 반영해 움직이기 때문이다. 최근에는 코로나19의 백신개발 임상실험의 성공 및 경기 개선에 대한 기대감이 나타나면서 금리가 상승흐름을 보이고 있다. 기대 인플레이션이 조금씩 상승하고 있으며, 이에 따른 시중금리의 상승세는 이어지고 있다.

우리나라의 경우 부동산이 투자자산에서 차지하는 비중이 높다. 따라서 기준금리도 중요하며, 주택담보대출의 기준금리인 코픽스 역시 중요하다.

코픽스란 예금은행의 자금조달 비용을 반영해 산출되는 새로운 주택담보대출 기준금리이며, 자금조달은 기업활동의 바탕이 되는 자금으로 자기자본 조달, 타인 내지 차입자본 조달, 자기금융 등 3가지로 구분할 수 있다.

코픽스는 자금조달 잔액에 적용된 금리의 가중평균인 '잔액 기준 코픽스'와 월중 새로 조달된 자금에 적용되는 금리의 가중평균인 '신규 취급액 기준 코픽스'로 나뉜다. 코픽스 기준금리에 각 은행별로 가산금리를 더해서 담보대출금리가 정해져 은행마다 금리가 다르긴 하지만 비슷한 흐름을 보인다.

금리가 낮은 상황에서 저금리 기조가 이어지는 가운데 풍부한 유동성은 자산가격의 인플레이션으로 연결되고 있다. 유동성이 흘러갈 수 있는 시장은 한정되어 있는 가운데 리스크 이후에 경기회복에 대한 기대감이 이어지고 있어 저금리 기조가 이어지는 가운데 소폭이지만 상승세를 보이고 있다.

이러한 인플레이션 초기 국면에서는 긍정적인 기조와 함께 자산가격의 상승이 나타나는 만큼 주식시장에 우호적인 환경이 조성될 것으로 판단한다. 따라서 저금리 기조가 이어지는 가운데 금리의 변화가 예상되는 2021년인 만큼 주요 금리의 변화에 대해 유심히 관찰할 필요가 있다. 이에 따라 시장을 바라보는 전략을 바꿔야 하기 때문이다.

인플레이션에 대한 우려가 커지고 있는 가운데 2021년은 금리의 변화가 예상되는 만큼 금리에 대한 기초적인 이해와 함께 흐름을 따라가는 것이 중요하다. 아는 만큼 변화에 대응할 수 있으며, 금리의 변화는 2021년의 중요한 키 포인트가 될 것이다.

경기의 흐름을 읽어보자

전 세계적으로 코로나19의 재확산에 대한 우려가 확산되고 있는 가운데 백신개발 기대감과 추가적인 완화책 등에 대한 기대감이 이어지면서 2021년 경기에 대한 긍정적인 전망이 나타나고 있다. 과연 이러한 전망이 맞을 것인지 경기흐름을 읽으면서 대응하는 것이 중요한 2021년이 될 것이다.

글로벌 경제의 흐름과 투자를 하는 것은 뗄 수 없다. 경제가 상승 국면에 있다면 자금은 위험자산으로 유입되고, 경제가 침체 국면에 있다면 자산을 지키는 방향으로 포트폴리오를 가지고 가되 안전자산에 대한 선호심리가 커지게 된다. 그렇기 때문에 현재 경제가 어떠한 방향으로 움직이고 있는지 국내뿐만 아니라 글로벌 경기의 흐름을 확인하는 것이 중요하다.

현재는 침체 국면에서 조금씩 반등하는 상황이다. 하지만 온전하게 회복하는 국면이라고 진단하기에는 리스크 요인이 많기 때문에 더욱 경기의 흐름에 대한 확인이 중요하다.

짧아지고 진폭이 줄고 있는
경기순환

경기는 좋았다가 나빠지고 하는 순환을 보인다. 경기순환은 대체로 4개 국면으로 나눠서 판단하며 회복기에서 확장기로, 확장기에서 후퇴기를 거쳐 침체기를 겪는 것으로 나뉜다.

계절로 비유를 하면 회복기는 봄으로 표현할 수 있다. 경제에 꽃이 피기 시작하는 봄 기운이 완연해지는 시기로 경기는 저점에서 상승하는 시기이다.

확장기는 활황기라고도 말하며 여름이다. 경제가 계속 상승흐름을 이어가는 시기로 주식, 부동산 등 자산시장에 대한 관심도 어느 때보다 높고 상승흐름을 보이며, 기업들은 투자와 생산을 활발하게 하는 시기이다.

확장기에는 경기고점을 찍고, 이후 후퇴기로 접어든다. 계절로 표현하면 가을이며, 높은 금리수준으로 인해 대출은 감소하고 소비도 줄어들게 된다. 기업 역시 생산이 감소하면서 고용 역시 감소하고 근로자의 소득이 줄어들어 악순환이 나타나는 시기라 할 수 있다.

후퇴기 이후 찾아오는 것은 혹독한 겨울, 즉 침체기이다. 이 시기에 경기는 계속 하락해 저점에 이르게 된다.

경기순환 주기는 일반적으로 한국은 약 50개월이며, 확장기가 수축기보다 짧은 특성을 가지고 있다. 글로벌 경제위기를 겪은 뒤에 경기의 진폭은 다시 줄었으며, 코로나19 이후에도 다시 진폭은 줄어들 것으로 예상하며 순환주기도 짧아지고 있다.

이런 것을 확인할 수 있는 지표 중 하나가 앞에서 잠깐 언급한 OECD 경기선행지수다. 6~9개월 후의 경기흐름을 예측하는 지표이기 때문이다. 다만 지금은 코로나19의 영향력이 이어지고 있고 이에 따른 불확실성이 이어지는 만큼 선행지표로서의 역할이 제한적인 상황이다.

●

경기흐름을
확인할 수 있는 PMI

그렇다면 현 상황에서는 경기선행지수의 역할이 다소 제한적인 만큼 어떤 지표를 통해 경기흐름을 확인할 수 있을까? 소비자와 심리적인 지표가 경기흐름을 파악할 수 있는 하나의 지표이다. 그렇기 때문에 실제로 소비자심리지수와 PMI가 발표될 때 관심이 집중되는 것이다.

PMI는 Purchase Management Index, 즉 구매관리자지수로 크게 제조업과 서비스업으로 구분해 조사를 한다. 시장조사업체인 IHS 마킷에서 주요 국가의 지수를 조사하며, 이외에도 중국에서는 정부에서 공식적으로 지수를 발표한다.

대표적으로는 미국의 ISM 제조업/서비스업 지수가 있으며 중

글로벌 제조업/서비스업 PMI

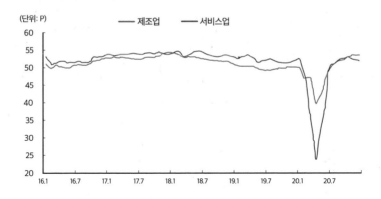

PMI는 크게 제조업과 서비스업으로 나눠 조사하는 심리적인 지표로, 이를 통해 기업체에서 느끼는 경기에 대한 심리를 확인할 수 있는 대표적인 지표이다. 국가별로도 지표를 발표하며, 지표의 방향에 따라 경기흐름을 먼저 확인할 수 있다.

자료: JP Morgan, Bloomberg

국 역시 공식 제조업/서비스업 지수를 발표한다. 이와 함께 마킷(Markit)에서 발표하는 지수를 통해 제조업 및 서비스업의 구매 담당자들이 느끼는 경기흐름을 파악할 수 있다. PMI는 심리적인 지표이자 실질적인 산업 변화를 미리 알 수 있기 때문에 중요한 지표 가운데 하나로 언급된다.

기준은 50으로 50을 상회하면 산업 확장으로, 50 미만이면 산업 수축으로 해석하며 추세를 확인한다. 세부적으로 5개 항목(생산, 신규주문, 고용, 재고, 공급자운송시간)을 조사해서 하나의 지수로 종합해 산출한다.

우리나라의 경기선행지수

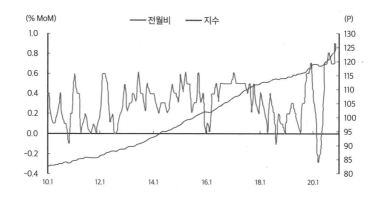

통계청에서 발표하는 경기선행지수는 국내 경제의 특성을 반영한 만큼 이를 확인하는 것 역시 중요하다는 판단이다. 코로나19로 크게 줄었다가 회복한 모습이지만 추가적으로 확산되고 있는 만큼 선행지수의 변화 역시 나타날 가능성이 높다.

*MoM: 전월 대비 증감율
자료: 통계청 국가통계포털

PMI가 경기의 방향성에 대해 정확하게 알려주는 지표인 것은 아니다. 하지만 PMI는 심리적인 지수인 만큼 실물지표 발표 전에 방향성을 유추할 수 있게 도와준다.

한국에서는 PMI가 공식적으로 발표되지는 않지만 한국은행에서 발표하는 BSI(기업경기실사지수)가 유사하다. BSI는 전반적인 경기동향을 파악할 수 있는 지표로, ISM 지수와 PMI보다는 중요도가 낮지만 국내의 경기흐름을 파악할 수 있는 하나의 지표이다.

국내에서는 조사기간이 짧고 비교적 쉽게 조사되는 만큼 주관적인 판단이 개입되어 상대적으로 신뢰도가 다소 낮아 중요도가 낮게 평가된다. 마킷에서도 한국의 제조업·서비스업 PMI를 발표하나 다른 국가에 비해 시장의 관심은 낮다. 다만 우리가 체감하고 있는 경기흐름과 다르게 OECD 경기선행지수의 상승흐름이 지속되고 있는 만큼 마킷의 PMI 역시 참고하는 것이 적절해 보인다.

여기에 통계청에서 발표되는 경기선행지수의 개별 지표를 보는 것도 중요하다. 제조업 재고순환지표, 소비자기대지수, 기계수주액, 자본재 수입액, 건설수주액, 순상품 교역조건, 구인구직비율, 종합주가지수, 금융기관 유동성, 장단기 금리차를 바탕으로 경기선행지수를 도출한다. 우리나라의 경제구조를 고려해본다면 제조업의 재고순환지표를 참고하는 것도 경기흐름을 읽는 데 도움이 될 것이다.

중국에서는 공식 제조업/서비스업 PMI가 발표된 후 차이신의 PMI가 연이어 발표된다. 공식 제조업 PMI는 대형 국영기업의 상황을 조금 더 반영하는 반면, 차이신 제조업 PMI는 중국 수출업체 및 중소기업의 경기파악에 더 유리하다. 대체로 비슷한 흐름을 보이지만 정도에 있어 차이가 나는 것은 조사대상이 다르기 때문이다.

이러한 지표들과 함께 쉽게 접할 수 있는 것 가운데 앞에서 언급한 환율의 움직임이 경기흐름을 읽을 수 있는 중요한 지표가 된다. 외환시장에서 거래되는 통화의 가치에는 각국의 경제 및 정치적인 상황이 녹아 있기 때문이다.

최근의 원달러 환율흐름을 보면 원화강세, 달러약세 흐름을 보이고 있다. 연준에서 무제한적인 유동성을 공급하고 있기 때문에 달러의 가치가 떨어지고 있는 것이다. 이에 상대적으로 유로는 강세를 보이고 있어 유로존에서는 이에 따른 우려가 커지고 있다.

코로나19로 인해 경기는 2021년 수치상으로 개선되는 것은 맞지만 실질적인 경기개선이라고 보기는 어렵다. 기저효과가 반영된 것이라 실물경기의 개선이 나타난 것으로 판단하기는 이른 것으로 보인다. 따라서 통화완화책은 지속될 것이기 때문에 리스크가 지속되는 상황이나 달러약세 흐름은 이어질 것으로 보인다. 이러한 환율의 흐름에 따라 국내경제에 어떤 영향을 미칠 것인지는 지속적으로 좇아가야 하는 중요한 이슈 중 하나이다.

수급은 주식시장을 움직이는 주체

주식시장을 볼 때 중요한 것 중 하나가 수급이다. 주체들의 매수, 매도 규모 및 그 방향성에 따라 변동성이 나타나기 때문이다. 특히 지금과 같이 유동성이 풍부한 시장에서는 수급의 중요성이 더욱 크다고 할 수 있다.

국내 주식시장에서는 외국인의 힘이 강하다. 우리나라는 금융시장의 개방도가 높으며 신흥국 가운데 탄탄한 경제를 가지고 있어 외국인 투자가 다른 국가에 비해 활발한 편이다.

따라서 외국인의 수급은 그 방향에 따라 시장 방향이 결정되는 경우가 많아 시장 관심요인 중 하나이다. 기관과 외국인은 개인에 비해 상대적으로 풍부한 정보를 이용하며 시장에 참여하게 된다. 따라서 기관과 외국인의 대규모 자금흐름에 시장의 움직임이 결정되는 경우가 대부분이다. 그렇기에 기관과 외국인의 자금흐름에 더욱 관심이 집중될 수밖에 없는 구조이다.

외국인과 KOSPI

외국인의 수급과 KOSPI는 비슷하게 움직인다. 이에 둘의 상관계수가 높은 가운데 이러한 흐름은 코로나19로 인해 잠시 깨졌다. 외국인은 지속적으로 매도하면서 불안한 심리를 드러낸 반면 KOSPI는 가파르게 상승했다. 개인의 매수세가 지수상승을 주도했기 때문이다. 이러한 개인의 매수흐름은 2021년에도 이어지고 있다.

자료: Check Expert

수급은 매일 장 종료 후에 개인, 기관, 외국인 각 주체의 종목 및 시장전체 순매수 금액 및 물량 등을 확인할 수 있다. 장중에도 흐름을 시시각각 확인할 수 있으며 이에 따라 시장의 방향성 역시 예측할 수 있다. 다만 당일수급의 방향이 지속될 것이라고 단언하기는 어렵다. 이러한 수급흐름으로 인해 당일 증시의 움직임이 결정되는 것은 맞지만, 이후에는 또 다른 이슈와 그에 따른 수급 움직임이 나타나기 때문이다. 수급의 방향이 급격하게 변하는 것은 아니고 추세를 띄고 있는 것은 맞지만 오늘의 수급방향이 내일과 동일하게 나타나는 것은 아니다.

강한 수급주체인
외국인

일반적으로 수급을 볼 때는 외국인과 기관의 흐름을 중요시했다. 유가증권시장과 코스닥시장의 시가총액에서 차지하는 비중을 보면 유가증권은 외국인과 기관의 비중이 높고, 코스닥은 개인의 비중이 높기 때문이다. 하지만 최근 코로나19로 인해 시장의 방향성을 결정하는 주체가 외국인이 아닌 개인으로 변한 모습이다. 개인이 유가증권의 시가총액에서 차지하는 비중이 서서히 높아지고 있다.

과거에도 실질적으로 거래대금에서 차지하는 비중은 개인이 많았다. 다만 전체 시가총액에서 차지하는 비중이 개인이 낮았던 것뿐이다. 경제 패러다임도 코로나19 전후로 변한 가운데 주식시장의 매매형태 역시 변화가 나타난 것이다.

이는 국내뿐 아니라 미국에서도 나타나고 있다. 특히 20~30대 MZ세대가 주도하고 있다는 측면에서 수급의 변화를 눈여겨볼 필요가 있다.

과거에도 이러한 패턴이 없었던 것은 아니지만 과거에 비해 정보가 훨씬 더 풍부하고 이를 잘 활용하고 있는 MZ세대라는 것을 생각해볼 필요가 있다. 국내에서는 동학개미, 미국에서는 로빈후드, 일본은 닌자개미, 중국은 청양부추 등 다양한 별명이 생기는 등 개인투자자의 투자가 글로벌 주식시장의 하나의 트렌드로 자리잡은 상황이다.

　중동, 중남미 지역에서도 개인투자자 비중이 늘어나는 등 이러한 투자패턴의 변화는 주식시장의 상승을 이끌었다. 코로나19로 인해 큰 폭으로 주식시장이 하락한 이후 개인투자자의 적극적인 매매가 없었다면 주식시장은 가파르게 상승하지 못했을 것이다. 과거처럼 외국인과 기관이 시장을 주도했다면 상승은 제한되었을 것이다.

　그만큼 주식시장에서는 수급이 중요할 수밖에 없다. 특히 별다른 이슈가 없을 경우에는 수급에 따라 시장 방향성이 좌우되고, 그에 따라 쏠림 현상이 나타나기 때문이다.

●

지속되는 유동성 장세,
그 함의는?

글로벌 금융위기 이후 주식시장은 유동성 장세가 지속되고 있다. 유동성이 미국 주식시장의 상승흐름을 10년 넘게 이끌었으며, 지금은 코로나19로 인해 더욱 풍부해진 유동성이 상승을 주도하고 있는 것이다.

　유동성을 끌어올린다는 것을 다르게 생각해본다면 경기가 좋지 않음을 의미하는 것이기도 하다. 각국의 중앙은행, 정부가 유동성을 지속적으로 공급한다는 것은 경기를 살리기 위해 통화완화적인 정책을 펼치는 것이기 때문이다. 기준금리를 인하하면서 저금리시대가 지속되고 있고, 주식시장과 채권시장의 양면성을 생각한다면 채권투자의 수익률이 감소하기 때문에 자금은 주식시장으로 다시 유입되는 것이다.

유동성 장세에서 실적 장세로 넘어가면서 대세상승흐름을 보이지만 당분간은 유동성 장세가 이어지는 것으로 판단하는 것이 적절해 보인다. 따라서 버블로 보이는 이 장세에서 변동성은 지속되겠지만 큰 그림의 상승흐름은 지속될 것으로 예상한다.

이번 시장의 흐름은 풍부한 유동성을 바탕으로 개인의 적극적인 매수가 시장의 상승을 이끈 반면 외국인과 기관은 순매도 흐름을 보였다. 대내외 리스크가 확산되는 과정인 만큼 단기적으로는 개인의 매수세가 주춤하다면 시장흐름은 변하기 쉬운 상황이다.

기관의 매도는 직접 투자에 나선 개인들의 펀드 환매가 이어지고 있기 때문에 영향을 받은 것으로 해석할 수 있다. 향후에도 기관 매수세가 나타나기 위해서는 시장에 대한 긍정적인 분위기가 지속되면서 펀드투자에 대한 환경개선이 뒷받침되어야 한다.

시장의 상승이 이어지기 위해서는 외국인의 매수전환이 필요했다. 기다렸던 외국인은 미국대선의 불확실성이 제거되면서 시장에 적극적으로 참여했다. 미국대선에서의 결과에 대한 리스크로 인해 수급주체들이 주춤한 모습을 보였으나 바이든 전 부통령이 당선되면서 불확실성 제거로 지수는 강하게 상승했다. 그 동안 방관자 역할을 하던 외국인이 순매수했기 때문이다. 리스크가 어느 정도 해결된다면 비어 있는 수급만큼 강한 매수세를 드러내는 것이다.

KOSPI의 수급주체별 2020년 누적 순매수 금액

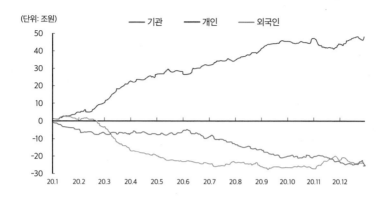

코로나19가 발생하면서 매수하던 외국인은 강하게 순매도하면서 증시에 하락압력을 가했다. 하지만 이를 기회로 판단한 개인은 순매수하면서 지수상승을 주도했다. 코로나19로 인해 상승했던 시장은 '동학개미'로 불리는 개인이 이끈 것이다.

자료: Check Expert

풍부한 유동성 환경이 지속되고 있는 만큼 유동성 장세는 이어질 것이다. 2020년 시장을 이끌어 온 개인들이 양도소득세 강화로 인해 매도물량을 대거 출회할 가능성을 고려했으나 여전히 개인은 매수세를 보이고 있다. 이에 KOSPI는 꿈의 지수라 할 수 있는 3000선을 금방 상회했다. 유동성과 함께 산업 변화에 따른 기대감이 지속되고 있기 때문이다.

시장의 상승을 개인이 이끌면서 예정대로라면 2021년 4월 1일 이후에는 친인척 등 특수관계인 포함 3억 원 이상이면 차익에 대한 양도세가 부과되었을 것이다. 그랬다면 개인의 매도세가 2020년 연

엄격해지는 주식 양도소득세 과세대상 대주주 기준

	2018. 4.1 이전	2018.4.1 이후	2020.4.1 이후	2023.1.1 이후
KOSPI	1% 또는 25억 원 이상	1% 또는 15억 원 이상	1% 또는 10억 원 이상	대주주 요건 폐지, 자산보유 기준에서 소득 기준으로 변경
KOSDAQ	2% 또는 20억 원 이상	2% 또는 15억 원 이상	2% 또는 10억 원 이상	

2021년 4월 1일부터 대주주 기준을 3억 원으로 더욱 강화하기로 했으나 현행 규정을 유지하기로 결정했다.

자료: 기획재정부

말에 나타났을 것이다. 기존의 10억 원에 비해 그 기준이 한층 엄격해졌으며, 특히 2020년 개인이 코스피와 코스닥에서 순매수한 금액을 생각해본다면 매도는 특히 개인의 순매수로 인해 강세를 보였던 종목 중심으로 나타날 것으로 예상되었기 때문이다.

이로 인한 부작용, 2023년부터 변경되는 세법 등을 적용해 기준을 강화하지 않기로 결정하면서 2020년 연말 강한 매도에 대한 우려는 단지 우려로만 그쳤다. 2020년 연말에 강한 상승랠리는 이어졌으며, 2021년 연초에도 이러한 흐름은 지속되었다.

수급은 주식시장에 있어서 흐름을 쉽게 파악할 수 있는 하나의 지표이다. 특히 지금과 같은 유동성 장세에서는 수급 주체들의 방향성이 더욱 중요하다.

흐름에 따라 방향성을 예측하고 그 숨은 의미를 파악하는 것은 어렵겠지만 주식 초보자들도 지금의 수급 주체들이 어떻게 대응하는지는 HTS, MTS를 통해 충분히 정보를 얻고 대응할 수 있다. 따라서 수급에 대해서는 방향을 확인하고 그에 따라 전략을 고민하는 것이 중요하다고 다시 한 번 강조하고 싶다.

무엇이 이슈인찌
항상 체크하짜

주식시장에서 많이 이야기되는 격언 중 하나는 '소문에 사서 뉴스에 팔아라'이다. 그만큼 이슈에 민감하기도 하며, 기대가 시장에 미치는 영향이 크다는 것이다. 정보를 먼저 파악하는 것이 더욱 중요한 시장이기 때문에 관심영역에 대해서는 항상 빠르게 정보를 얻을 수 있어야 한다.

이슈에 민감한 것이 주식시장이다. 개별종목뿐 아니라 큰 이슈는 시장 전반의 흐름을 좌우한다. 예상치 못한 이슈가 있는 반면 시나리오가 있겠지만 충분히 대응할 수 있는 이슈가 있다. 따라서 많은 정보 속에서 자신이 원하는 정보를 선별하고 이에 대응할 수 있는 역량도 필요하다.

수급의 움직임도 정보에 기반한 것이 많으며, 특히 종목별로는 개별이슈가 시장의 방향과 무관하게 등락을 결정하게 된다. 그렇기 때문에 공개된 정보가 아닌 이상 개인들이 활용할 수 있는 것은 한정적이긴 하다. 그래도 빠르게 대응하기 위해서는 자신이 보유한 종목 및 시장 전반에 영향을 미칠 수 있는 이슈에 대해서 지속적으로 관심을 가져야 한다.

개인이 접할 수 있는 정보의 양과 기관, 외국인이 접할 수 있는 정보의 양은 차이가 날 수밖에 없다. 즉 여기에서도 파레토 법칙이 적용된다.

●
틈새를 노리기 위해서
필요한 것은?

파레토 법칙은 80대20법칙이라고도 하는데, 전체 결과의 80%가 전체 원인의 20%에서 일어나는 현상으로 이탈리아의 경제학자인 빌프레도 파레토의 이론에서 유래한 것이다. 이는 주식시장에도 동일하게 적용되는 것으로, 소수의 사람이 더 많은 정보와 자금을 가지고 유리한 만큼 이익을 얻는 것이 대부분이며 다수의 사람들은 부족한 정보와 자금으로 투자를 하는 만큼 상대적으로 이익을 얻기 힘들다. 즉 정보의 불균형은 투자의 성공과 실패를 판가름하는 하나의 요인이다.

따라서 투자자는 시장에 대한 정보 수집 능력을 높여야 한다. 다양한 매체를 통한 정보, 상장회사들의 사업보고서 등 공개된 정보 역시 효과적으로 활용해 자신의 투자에 적절하게 이용해야 한다. 다른 사람들의 도움이 유용할 수 있으나 결국 투자자 본인이 직접 분

매주 발표되는 개인투자자의 심리

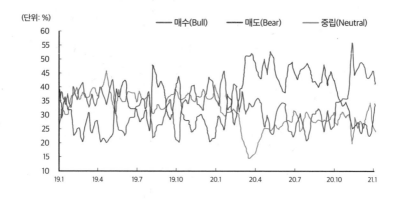

전미개인투자협회에서 조사하는 시장참여자의 투자심리지수인 AAII index는 향후 6개월 동안의 주식시장에 대한 개인투자자의 심리를 반영한 것이다. 정보에 따라 심리가 크게 좌우되는 특성을 가진 만큼 움직임을 확인할 필요가 있다.

자료: Bloomberg

석하고 연구하는 것이 필요하다.

그중 하나가 앞에서 언급한 수급동향이기도 하다. 기관과 외국인은 개인보다 많은 정보와 자금을 가지고 있기 때문에 동향을 파악한다면 절대적인 것은 아니나 투자의 성공확률이 다소 높아질 수 있으며 리스크 역시 방어할 수 있다.

다만 모든 것을 그대로 복제하듯 따라하는 것은 그들이 놓은 덫에 빠질 수 있다. 특히 시가총액이 크지 않은 종목의 경우 개인투자자의 심리를 기반으로 매매를 하는 경우가 있기 때문에 큰손의 분할매도에 휩쓸려 개인투자자는 리스크가 커졌다는 것을 인지하지 못하기도 한다. 이에 자금이 묶일 수 있는 만큼 이러한 것에는 주의할 필요가 있다.

대부분의 투자자들은 돈을 벌 생각만 하지만 20%의 투자자들은 시장이 하락할 때, 리스크가 커질 때 어떻게 대응할 것인지를 고민한다. 시장이 상승만 할 수는 없기에 정보를 모으고 그에 맞게 전략을 세우는 것이다. 시장 분위기가 바뀔 수 있는 상황을 고려해야 위기가 커졌을 때 빠르게 대응하고 손실을 최소화할 수 있다.

●

시장에서
주목할 만한 이슈들

현재 시장에서 주목할 만한 이슈는 코로나19의 확산, 유동성 방향, 미국대선 결과에 따른 영향력이다.

2020년 11월 3일 미국대선을 앞두고 트럼프 대통령과 바이든 전 부통령의 격차가 좁혀지면서 대선에 전 세계의 관심이 집중되었다. 9월 29일 첫 TV토론 이후 바이든 후보의 지지율이 다소 높아졌으며 여기에 트럼프 대통령이 코로나19 확진판정으로 인해 대선구도에 변수가 발생했기 때문이다. 트럼프 대통령의 확진으로 인해 유권자의 관심이 다시 코로나19로 집중된 것이다.

누가 대선구도에서 유리한 고지를 점했는지는 알 수 없었으며 승패를 결정짓는 승부처에서 지지율 격차는 좁혀졌기 때문에 대선 결과를 보고 대응하자는 의견이 시장을 지배했다.

결국 미국대선에서 바이든 전 부통령이 당선되고 대선에 대한 불확실성이 제거되면서 시장은 예상과 다르게 가파르게 상승했다. 바이든 전 부통령이 당선될 경우 법인세 인상, 규제 등으로 인해 시장에 부정적인 영향을 미칠 것으로 예상했기 때문이다.

정책에 대한 우려보다는 완화적인 통화정책, 경기부양책, 백신개발에 따른 불확실성 완화 등 경기개선 기대감이 우호적인 영향을 미치고 있다.

향후 바이든 정부의 정책방향에 따라 시장에 미치는 영향력은 언제든 변할 수 있다. 따라서 지속적으로 정책에 따른 영향력에 관심을 두고 대응을 해야 한다.

미국대선에도 사실상 코로나19가 하나의 변수가 되었다. 전 세계에서 미국은 코로나19의 확진자 및 사망자가 가장 많은 국가이며 확산세가 이어지고 있어 바이든 후보는 전염병에 대한 대응 실패를 기반으로 선거운동에 활용했으며 이는 성공적이었다.

이후에도 전 세계적으로 코로나19 확산세는 지속되고 있으며, 이에 따른 경기둔화 우려도 여전한 상황이다. 2020년 1~2분기에 비해 경기에 대한 우려가 다소 완화된 것은 사실이나 재확산 가능성이 높아지고 있으며, 실제로 일부 국가에서는 봉쇄조치를 다시 강화하고 있다. 즉 다시 경기둔화가 강해질 수 있는 상황이며 독감 유행과도 맞물릴 수 있는 만큼 더욱 주의가 필요하다.

따라서 코로나19의 확산이 잠잠해질 것인지, 아니면 다시 확산

미국의 코로나19 누적 확진자 수

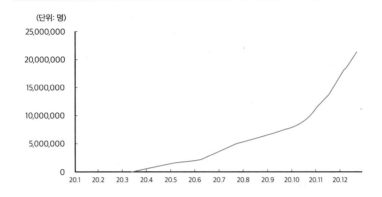

미국의 코로나19 확진자 수는 다시 확산되는 모습을 보이면서 2020년 11월 초부터 매일 10만 명 이상 발생하고 있으며, 최근에는 평균 20만 명 이상 신규 확진자가 발생하고 있다. 일부 지역에서 봉쇄조치를 시행하고 있으나 계절적인 요인 등으로 인해 확진자 수의 증가세는 지속되는 상황이다.

자료: WHO

세가 나타나면서 경기에 대한 우려와 함께 금융시장의 변동성이 커질 것인지를 지속적으로 확인할 필요가 있다.

다만 코로나19가 확산되면서 2020년 3월과 같은 큰 변동성은 나타나지 않을 것으로 예상한다. 이미 알고 있는 사실에 대한 것이며 연준을 중심으로 한 각국 중앙은행, 정부의 완화적인 정책으로 인해 유동성이 풍부하기 때문이다. 여기에 필요시 연준에서는 추가적인 정책을 펼치겠다고 언급했으며 2023년까지 저금리 기조를 유지하겠다는 입장인 만큼 이에 따라 하방경직적인 모습은 나타날 것으로 판단한다.

여기에 기저효과 등을 고려해볼 때 조정이 나타나더라도 다소 제한적인 모습을 보일 것으로 예상하며, 유동성 장세는 지속될 것으로 전망한다. 유동성의 추가적인 증가가 다소 제한된 상황인 것은 맞다. 금융시장의 패닉을 무제한적인 유동성이 방어하면서 유동성 자체가 풍부하지만 추가적으로 늘어나는 것은 제한되고 있다. 하지만 앞에서 언급한 것처럼 경기둔화가 다시 강해지고 코로나19의 확산으로 인해 불확실성이 커진다면 유동성은 다시 늘어날 수밖에 없다. 현 상황에서 대응할 수 있는 정책에는 한계가 있기 때문이다. 여기에 유동성 공급으로 시장의 패닉을 잠재웠던 기억이 이어지고 있어 가장 손쉽게 유동성 공급으로 다시 불확실성을 완화시킬 것이다.

개인투자자가 접할 수 있는 시장의 정보는 한계가 있을 수밖에 없다. 하지만 있는 정보 역시 활용하지 못한다면 대응은 늦어지고 결국 수익률 측면에서 손해를 보게 된다. 시장을 예측하는 것은 사실 어렵다. 하지만 대응은 투자자들이 준비를 하고 있다면 충분히 할 수 있는 영역이다.

수익률만을 위해 움직이는 투자전략보다는 리스크가 발생했을 때 대응할 수 있는 힘을 가지는 것도 투자자에게 필요한 역량 중 하나이다. 따라서 시장에 영향을 미칠 수 있는 이슈에 대해서는 투자자들이 직접 정보를 모으고 가공할 수 있는 능력을 키워가는 것이 필요하다.

코로나19로 인해 다시 대규모의 유동성이 공급되었다. 무제한적인 유동성의 효과에 대해 우려의 목소리와 함께 이에 대한 긍정적인 시각이 이어지고 있다. 과거에도 유동성이 공급되면서 확산된 공포심리를 완화시키고 위험자산에 대한 투자심리가 살아났다. 지금도 그러한 상황이 똑같이 반복되고 있다. 단기적으로 긍정적이었음을 경험했지만 중장기적으로도 이러한 흐름이 이어질까? 과거에 유동성이 공급되면서 어떠한 흐름을 보였는지 확인해보고 '유동성 시대 이후'를 준비해야 할 것이다.

2장

유동성의 시장,
그 이전과 이후

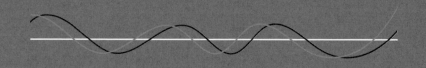

양적완화란
과연 무엇인가?

코로나19로 인해 유동성이 지속적으로 공급되면서 경기둔화를 방어하고 있다. 이에 양적완화라는 단어를 쉽게 접하게 된 만큼 이 단어가 가지고 있는 의미 등 기초적인 것을 반드시 잘 짚고 넘어갈 필요가 있다.

양적완화라는 단어가 쓰이게 된 것은 불과 몇 년 되지 않았지만 뉴스를 보면 흔하게 들을 수 있는 단어가 되었다. 실제로 양적완화는 경제학 교과서에도 존재하지 않았던 단어이다. 하지만 글로벌 금융위기 이후 경기를 부양시키기 위해 양적완화를 도입하게 된 것이다.

그전에는 경기가 위축된 상황이면 금리를 인하하면서 경기를 개선시키는 방향으로 이끌었다. 하지만 여러 번의 위기를 겪으면서 금융환경이 변했고, 이에 따라 단순하게 기존 이론대로 실물경제에 적용했을 때 그 효과가 나타나지 않았던 것이다. 그래서 '양적완화'라는 새로운 개념을 도입하게 된 것이다.

미국의 기준금리

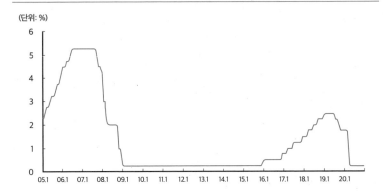

(단위: %)

미국의 기준금리는 2008년 12월 제로 기준금리가 되면서 0.25%P의 차이가 나는 상하단으로 나눠서 발표하기 시작했다. 현재는 0~0.25% 수준으로 낮은 금리가 지속되고 있으며, 연준에서는 저금리 기조를 지속하겠다는 입장이다.

자료: Fed, Bloomberg

중앙은행이 금융시장의 신용경색을 해소하고 경기를 부양하기 위해서 국채 등 다양한 금융자산을 매입해 시장에 직접적으로 유동성을 공급하는 것을 양적완화라고 한다. 정책금리가 0에 가까운 초저금리 상태이기 때문에 과거와 같이 더 이상 금리를 인하할 수 없어 새롭게 도입한 것이다. 여기에 재정 역시 탄탄하지 못해 재정정책을 펼칠 수 없을 때 경기를 부양하기 위해 양적완화를 하게 된다.

정책금리를 조절하는 것은 간접적인 통화정책인 반면 좀 더 직접적으로 경기부양을 위해 통화량 자체를 늘리는 것이 직접적인 통화정책이다. 가장 먼저 양적완화 개념을 쓴 것은 일본으로 '잃어버린 20년'을 만회하기 위해 처음으로 양적완화를 실시하게 되었다.

2001년 3월 실시했으며, 2006년 3월까지 5년 동안 지속되었으나 사실 큰 효과는 없었다.

●
미국과 유럽의
양적완화

그럼에도 불구하고 2008년 글로벌 금융위기 이후 양적완화를 실시하게 되었다. 미국의 사례를 본다면 리먼브라더스 파산으로 인해 미국경제를 중심으로 글로벌 경제 및 금융시장에 후폭풍이 찾아오면서 2008년 11월, 2009년 3월, 2010년 11월 등 크게 두 차례의 양적완화를 시행했다. 하지만 우리의 기대와는 다르게 양적완화의 효과가 실물경제에 크게 나타나지 않았다.

이후 2012년 9월 매달 400억 달러 규모의 주택저당증권(MBS)을 매입하고 0%의 기준금리를 2015년까지 유지하겠다는 3차 양적완화를 발표했다. 이전의 양적완화와는 달리 저금리의 풍부한 유동성 공급으로 인해 성장률은 큰 폭으로 상승하고 실업률은 낮아지는 등 경기부양 효과가 확실하게 나타났다. 이에 미국은 양적완화를 조기에 종료했다. 약 6년간 진행된 미국의 양적완화로 인해 공급된 통화는 약 4조 달러에 이르렀다.

ECB는 유럽 경제위기로 인해 드라기 총재 취임 직후인 2012년부터 완화적인 통화정책 기조를 유지했다. 글로벌 금융위기 이후 지

글로벌 금융위기 이후 미국의 통화정책

기간	내용	규모
2008년	여덟 차례 기준금리 인하	4.25% → 0~0.25%
2008년 11월~2010년 3월	1차 양적완화(QE1)	1조 7,500억 달러
2010년 11월~2011년 6월	2차 양적완화(QE2)	6,000억 달러
2011년 9월~2012년 6월	1차 오퍼레이션 트위스트	4,000억 달러
2012년 6월~2012년 12월	2차 오퍼레이션 트위스트	2,670억 달러
2012년 9월~2012년 12월	3차 양적완화(QE3)	월 400억 달러
2013년 1~12월	QE3 확대	월 850억 달러
2014년 1~9월	테이퍼링(QE3 규모 축소)	월 340억 달러
2014년 10월	QE 중단	
2015년 12월~2018년 12월	아홉 차례 기준금리 인상	0~0.25% → 2.5~2.75%
2020년 3월	두 차례 기준금리 인하	1.5~1.75% → 0~0.25%
	4차 양적완화(QE4)	무제한 양적완화

글로벌 금융위기가 절정에 달한 시기부터 주택저당증권(MBS)을 매입한 것이 양적완화정책의 시작이다. 현재는 코로나19가 전 세계로 확산되면서 경제가 크게 위축되어 두 차례 기준금리를 인하하고, 무제한적인 양적완화를 시작했다.

자료: Fed

속적으로 기준금리를 인하했으며, 유로존의 시중은행이 ECB에 자금을 예치할 경우 오히려 은행이 이자를 지불하도록 하는 마이너스 예금금리도 추가로 인하했다. 하지만 유럽의 경기침체가 장기화되고 디플레이션에 대한 우려가 확산되면서 결국 ECB도 양적완화를 도입하게 되었다. 2015년 3월부터 매달 600억 유로 규모의 자

글로벌 금융위기 이후 ECB의 통화정책

기간	내용
2010년 5월	그리스 부채위기(1차 구제금융)
2011년 10월	유로존 재정위기 발발
2011년 12월	1차 장기대출프로그램(LTRO) 4,900억 유로
2012년 2월	2차 장기대출프로그램(LTRO) 5,300억 유로
2012년 9월	무제한국채매입(OMT) 프로그램 발표
2013년 5월	기준금리 인하(0.75% → 0.5%)
2013년 11월	기준금리 인하(0.5% → 0.25%)
2014년 6월	기준금리 인하(0.25%→0.15%), 목표물 장기대출프로그램(T-LTRO) 발표
2014년 9월	기준금리 인하(0.15%→0.05%), 커버드본드·ABS 매입 계획 발표
2014년 12월	2차 T-LTRO 시행
2015년 1월	대규모 국채매입(QE) 시행 계획 발표
2016년 3월	기준금리 인하(0.05%→0.00%)
2018년 12월	QE 종료
2019년 11월	QE 재개
2020년 3월	3차 T-LTRO 강화, 연내 1,200억 유로 QE 확대

글로벌 금융위기 이후 남유럽 재정위기가 불거지는 등 경기가 더욱 악화되면서 ECB는 기준금리를 0%까지 인하한 뒤 현재까지도 여전히 지속하고 있다. QE를 종료했으나 다시 재개했으며, 코로나19의 확산으로 경기둔화가 나타나면서 완화적인 정책을 지속하고 있다. ECB는 코로나19로 인해 매우 완화적인 통화정책 기조를 재확인하기로 결정했다. 적어도 2022년 3월 말 또는 코로나19 위기단계가 끝날 때까지 PEPP(Pandemic Emergency Purchase Programme)에 따라 순매입을 진행한다.

자료: ECB

산매입 프로그램을 실시했고, 경기가 일부 회복되는 모습을 보이자 2018년 1월부터 매입규모를 300억 유로로 축소했다. 하지만 이 당시 언제든 양적완화를 실시할 수 있다고 언급하며 완화적 기조는 유지했으며, 2018년 12월 결국 양적완화 종료를 선언했다.

●
양적완화의
장단점

이러한 양적완화의 장점과 단점은 무엇이 있을까? 현재 코로나19로 인해 글로벌 경기둔화가 확산되자 주요국 중앙은행이 양적완화를 실시하고 있는데 과연 그 효과가 나타날까?

양적완화를 통해 긍정적인 효과를 생각해본다면 미국은 금리가 하락하고 달러가치가 하락하면서 주식시장에 긍정적인 효과를 미치게 되고, 소비지출의 확대효과로 연결될 수 있다. 달러가치가 하락한 만큼 수출 경쟁력 역시 강화되기 때문에 경제에 긍정적으로 작용하는 것이다. 하지만 이는 원유, 금 등 원자재 가격의 상승으로 연결되면서 물가상승으로 귀결될 수 있으며, 신흥국은 신흥국 통화가치가 강세를 보이게 된다. 이는 외국인 자금유입으로 연결될 수 있기에 긍정적이지만 신흥국의 경제력은 수출에서 비롯되는 만큼 수출 경쟁력은 약화되는 결과가 나타나게 되는 것이다.

미국의 양적완화

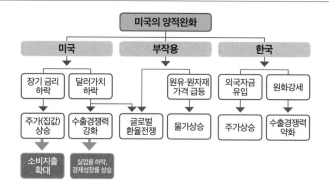

양적완화는 긍정적인 면과 부정적인 면이 모두 존재한다. 완화적인 통화정책으로 인해 달러약세가 나타나고 금리는 하락하게 되면서 주식시장에는 우호적인 것이 사실이다. 하지만 수출 경쟁력 측면에서 본다면 원화가 강세를 보이면서 국내에는 부정적인 영향을 미치게 된다. 다만 미국의 경우에는 달러약세가 나타나는 만큼 긍정적이다. 달러가 기축통화인 만큼 약세를 보여도 이에 따른 부정적 영향은 제한된다.

자료: 네이버 시사상식사전

　　이론적인 측면에서 분석해본다면 긍정적인 면과 부정적인 면이 모두 존재하게 되고, 환경에 따라 어떤 측면이 더 부각되는지 결정된다고 판단한다. 세부적인 내용은 뒤에서 과거 양적완화의 효과와 코로나19로 인한 양적완화의 효과를 분석해보고자 한다.

글로벌 금융위기,
공급된 유동성과 그 효과는?

유동성을 공급하면서 충격을 받았던 금융시장은 빠르게 안정을 찾았다. 금융시장의 불안은
해소되었으나 펀더멘털 측면에서 이를 접근한다면 글로벌 금융위기 이후 '저성장, 저금리,
저물가' 시대가 시작되었기에 긍정적으로만 평가하기는 어렵다.

2007년 미국발 금융위기는 서브프라임 모기지(비우량 주택담보대출)
와 이를 바탕으로 한 파생상품에 대한 금융기관의 높은 의존도에서
파생된 것으로 결국 베어스턴스, 리먼브라더스, 메릴린치 등 미국의
대형 투자은행이 파산하면서 발생한 것이다.

　　2000년 초 미국경제가 침체되면서 연준은 금리를 낮추는 초저
금리 정책을 도입했다. 완화적인 통화정책으로 인해 경기를 활성화
하기 위한 방법이었던 것이다. 금리수준이 높았기 때문에 충분히 낮
출 수 있는 여력이 많았으며, 이를 기반으로 사람들은 대출을 받아
주택을 매수했다. 금리가 낮고 부동산 가격이 상승하는 속도가 빠르

게 나타나면서 시세차익을 노린 투자자들이 더욱 늘어나면서 가격 상승 속도는 더욱 빨라졌다.

문제는 서브프라임 모기지로 모기지 회사가 대출규제를 낮춰 신용등급이 낮은 사람들까지 대출을 해준 것이다. 상환이 불가능할 수 있는데도 대출을 해준 것은 부동산 가격이 지속적으로 상승한 만큼 담보주택을 매도해 대출금을 돌려받을 수 있을 것으로 판단했기 때문이다.

하지만 연준이 물가를 안정시키기 위해 금리를 올리기 시작하면서 문제가 발생했다. 2006년부터 연준은 금리를 인상하면서 이자 부담이 커진 투자자들은 집을 매도하려 했으나 매도자가 많고 매수자가 적은 매도우위 시장이 형성되었다. 이에 주택가격은 하락하기 시작했으며, 결국 투자자들은 집을 팔더라도 낮아진 주택가격으로 인해 대출을 갚지 못하게 되면서 파산해 결국 모기지 회사의 파산으로 연결되었다.

●

미국발
금융위기의 발생

2007년 4월 미국의 2위 서브프라임 모기지 대출회사인 뉴센추리 파이낸셜이 파산신청을 한 이후 관련된 리스크가 확산되었으며, 2007년 8월 BNP 파리바은행은 서브프라임 부실에 따른 신용경색을 이유로 자사의 3개 자산유동화증권(ABS) 펀드에 대한 자산가치 평가 및 환매를 일시 중단했다.

이에 미국 2위 증권사였던 베어스턴스가 과도하게 서브프라임 모기지 채권에 투자하면서 결국 파산해 JP Morgan에 2018년 3월 주당 2달러에 매각되었다. 이후에도 이러한 영향이 이어지면서 9월 에는 연이은 기업의 파산과 구제금융이 실시되었다.

미 정부는 모기지 회사인 패니 메이, 프레디 맥의 구제금융을 결 정하면서 급한 불을 끄는 듯했으나 리먼브라더스는 파산을 결정했 다. 국민의 세금으로 개별업체의 손실을 막아주는 것이 좋지 않은 선례를 남긴다는 판단에 따른 것이다. 같은 날 메릴린치 역시 주당 29달러에 뱅크 오브 아메리카(BoA)로 인수되었다. 이로써 미국의 5대 투자금융 회사 가운데 3개가 사라지는 금융시장 역사상 초유의 사건이 발생한 것이다.

하지만 그 다음 날인 9월 16일 AIG에 대해서는 구제금융을 결 정했다. 이미 심각한 금융시장의 취약성을 더욱 심화시키고 경제의 활력을 더욱 악화시킬 수 있기 때문에 이러한 결정을 했다고 밝히 는 등 사실상 국유화를 하게 되었다. 하지만 리먼브라더스의 파산과 AIG 구제기준에 대한 논란이 확산되었고, 이후 정부는 연이어 긴급 구제금융에 나서게 되었다. 결국 글로벌 금융위기의 막이 열린 것이 다.

연준은 금융시장의 불안을 잠재우고 구제하기 위해 부실자산 구입을 위한 공적자금 요청 법안을 의회에 제출했다. 연준은 여기에 기준금리를 0~0.25%로 인하하면서 제로금리의 시대가 시작되었다. 주요국 중앙은행 역시 연준을 따라 금리를 인하하면서 글로벌 저금리 시대가 본격적으로 개막했으며, 국가별로 통화스와프를 체결했다.

미국에서 발생한 금융위기는 실물경제로 나타났다. 2008년 11월 미국의 자동차 회사 회장은 구제금융을 요청하기 위해 청문회장에 입장했다. 하지만 구제금융이 불발되면서 금융시장의 불확실성이 확대되었고, 투자심리가 극도로 위축되었다.

금리인하 정책으로는 한계가 나타나자 연준의 벤 버냉키 의장은 달러를 찍어내는 양적완화 정책을 시도했다. 이때부터 본격적인 양적완화 시대가 열린 것이다. 5,000억 달러 규모의 주택담보대출유동화증권(MBS) 매입과 TALF(Term Asset Backed Securities Loan Facility)라는 새로운 대출제도를 도입해 2,000억 달러를 투입하겠다고 밝혔다.

세계경제의 중심이라 할 수 있는 미국경제가 흔들리면서 전 세계 역시 흔들리는 모습을 보이며 글로벌 금융위기로 확장된 것이다. 영국에서도 구제금융을 결정했으며 결국 오바마 대통령이 경기부양책에 대해 서명을 하게 되었다. 오바마 대통령이 취임한 직후 '2009년 미국 경기회복 및 재투자법'에 서명을 해 7,800억 달러 규모의 연방정부 예산을 집행했다. 여기에 연준의 양적완화가 더해지면서 서브프라임 모기지 사태로 인한 투자심리 위축은 다소 완화되었다.

PIGS 국가의 정부부채

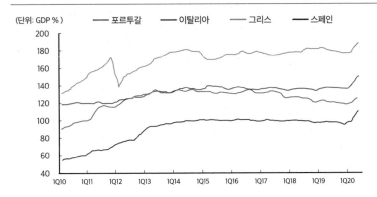

(단위: GDP %)　— 포르투갈　— 이탈리아　— 그리스　— 스페인

국가채무와 재정위기가 심한 남유럽 국가를 칭하는 PIGS는 포르투갈, 이탈리아, 그리스, 스페인의 앞글자를 따서 만든 용어로, 글로벌 금융위기 이후 특히 그리스의 재정위기가 문제된 것이다. 그리스는 여러 차례 지원을 받았지만 여전히 불안한 상황이며, 코로나19 이후 이들 국가의 재정 상태는 더욱 악화된 모습이다.

자료: Eurostat, Bloomberg

　　하지만 미국발 서브프라임 모기지는 유럽을 비롯한 전 세계로 확산되었으며 2010년부터 그리스, 아일랜드, 포르투갈, 스페인 등 남유럽을 중심으로 한 국가들의 경제위기가 나타났다. 자산가격의 하락, 심각한 국가부채 및 높은 실업률 등이 현재까지도 이어지고 있는 상황이다.

　　영국 정부는 7,000억 달러 규모의 구제금융을 시행했으며, 유로존에서는 GDP의 1.5% 이상인 2.5억 달러 이상의 구제금융 패키지를 발표했다. 구제금융으로 인해 특히 부채가 많았던 국가들은 경기가 급속도로 악화되었다. 그리스, 아일랜드, 포르투갈, 이탈리아, 스페인, 키프로스 등의 국가는 부채가 심각한 수준이었던 만큼 재정지

그리스의 정부부채

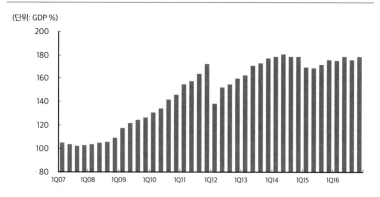

(단위: GDP %)

그리스의 정부부채는 글로벌 금융위기 이전에도 낮은 수준은 아니었다. 하지만 글로벌 금융위기 이후 급속도로 증가했으며, 이는 남유럽 재정위기로 번지면서 유로존 경기 전반에 부정적으로 작용했다.

자료: Eurostat, Bloomberg

원을 받을 수밖에 없었다. 이 중 이탈리아를 제외한 나머지 국가는 재정지원의 대가로 긴축정책을 선택해야 할 만큼 국민들의 반대가 극심해졌으며, 특히 그리스의 실업률은 60%를 상회했다.

그리스는 1차 지원을 받은 이후에도 경기는 개선되지 않는 모습이었으며, 이후 추가적으로 지원을 받았다. 1차는 2010년, 2차는 2012년, 3차는 2015년에 받았던 그리스는 부패와 경상수지 적자가 심화되면서 여러 차례 위기를 겪었다. 이는 글로벌 금융시장의 변동성 요인으로 작용했다. 이는 미국, 유럽뿐 아니라 동아시아 국가의 경기둔화로도 연결되었으며 브라질, 러시아, 인도 등의 신흥국 역시 경기도 뚜렷하게 악화되는 등 글로벌 경기둔화는 확산되었다.

지금까지도 이어지는 양적완화,
그 효과는?

2007년 글로벌 금융위기로 인한 경기둔화를 방어하기 위해 미국을 시작으로 유로존에서도 기준금리를 인하한 뒤 결국에는 양적완화를 실시하게 되었다. 이러한 기조는 지금까지도 꾸준하게 이어지고 있다.

무제한적인 유동성 공급이 금융시장의 불안감을 해소하는 등 지수하락을 만회하고 지금까지의 유동성 장세를 이끈 것은 긍정적이다. 하지만 그에 따른 실질적인 펀더멘털 개선 효과는 나타났을까?

글로벌 성장률을 보더라도 오히려 경기의 진폭은 줄어든 모습이며 글로벌 금융위기 이전의 수준을 회복하지 못하는 상황이다. 경제의 패러다임이 변한 것이라 할 수 있다.

일반적인 이론으로는 유동성이 공급되면 시중의 통화 유통량이 늘어나면서 물가가 상승하는 효과가 발생하게 되고, 낮은 금리와 통화가 기업의 투자로 이어지는 선순환이 나타난다.

이에 따라 경기개선이 나타나기에 중앙은행은 기준금리를 다시 인상하는 것으로 연결되는 것이다. 하지만 경기가 개선되는 것은 느리고 시중의 풍부한 통화량은 이어지고 있으나 저물가, 저성장, 저금리, 즉 3저 시대가 시작된 것이다.

세계 교역량이 크게 감소하고 유동성 공급에 따른 국가별 재정

미국의 연도별 재정적자

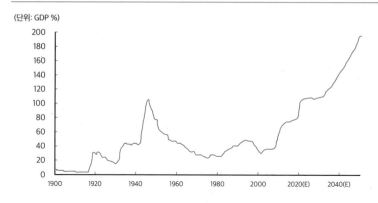

(단위: GDP %)

미국의 재정적자는 GDP 대비 비중이 늘어나고 있었으나 코로나19로 인해 부양책을 펼치면서 2020년 2분기 2조 달러를 상회했으며 큰 폭으로 증가했다. 이후에도 미 의회예산국(CBO)에서는 지속적으로 재정적자가 늘어날 것으로 전망하고 있다.

자료: CBO(Congressional Budget Office), The 2020 Long-Term Budget Outlook

적자 문제가 오히려 부각되면서 리스크 요인으로 작용했다. 이에 각국 정부 및 중앙은행에서 기대하던 유동성 공급으로 인한 경기개선의 긍정적 효과는 나타나지 않았다.

즉 유동성 함정에 빠진 것이나 다름없는 것이다. 금융시장에는 자본이 유입되면서 유동성 장세를 보이고 있으나 실물경제에는 이러한 자본유입이 기업 투자로 연결되지 않아 경기부양 효과가 나타나지 않은 것이다.

풍부한 유동성에도 경기에 대한 우려가 지속되면서 기업은 현금 유보율을 높였으며 일반 국민들은 소비를 줄이면서 선순환이 나타나지 않았다.

단기적으로 유동성 공급은 크게 위축된 투자심리를 개선시키며 금융시장에서의 유동성 장세를 이끌게 되었지만, 실물경제로는 그 효과가 즉각적으로 나타나지도 않았으며 미미했다. 따라서 지금의 유동성 공급에 대한 효과에도 의문이 지속적으로 제기되고 있는 것이다.

코로나19로 인해
다시 공급된 유동성

코로나19가 2020년 초반 전 세계로 확산되면서 경기둔화가 나타나고 공포심리가 확산되었다. 이에 연준을 중심으로 한 주요국 중앙은행은 유동성을 공급하기 시작했으며, 이로 인해 빠르게 투자심리는 살아나고 경기 역시 회복할 것으로 판단한다.

2019년 12월 코로나19 바이러스가 중국 우한에서 처음 발생한 이후 중국 전역 및 전 세계로 확산되었으며, 결국 WHO는 3월 11일 사상 세 번째로 코로나19에 대해 팬데믹을 선포했다. 이후에도 코로나19에 대한 우려가 이어지며 금융시장 및 경제에 부정적인 영향을 미치고 있다.

부진하던 경기가 일부 되살아나는 모습을 보였으나 코로나19의 확산으로 인해 다시 경기둔화 우려가 커지고, 실제로 지표의 부진이 두드러지는 모습이다. 완만하게 상승세를 보이던 주식시장에서도 가파르게 지수가 하락하는 등 공포심리가 극에 달했다.

유동성의 효과,
최고치를 경신한 증시

지금은 무제한적인 유동성 공급 효과로 인해 공포심리가 완화되고 자산시장에서는 2020년 3월의 하락을 모두 만회하고 전고점을 상회하는 등 긍정적으로 나타나고 있다.

과거의 유동성과 비교를 해본다면 금액적인 측면에서 비교가 되지 않을 정도로 대규모의 유동성이 공급되었다. 연준은 기준금리를 연이어 인하하면서 다시 제로금리로 돌아갔다. 하지만 기준금리

2020년 S&P500의 변동성지수

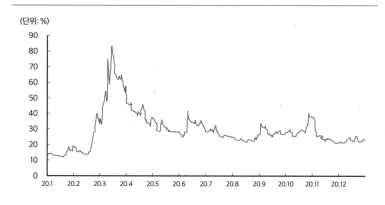

VIX는 시카고옵션거래소에 상장된 S&P500의 지수옵션이 향후 30일간 변동성에 대한 시장 기대를 표현하는 것으로 Volatility Index의 약자이다. 지수와는 일반적으로 반대로 움직이는 특징을 가졌으며, 불안심리가 커지면 VIX는 상승하게 되고 매도세가 커진다.

자료: Bloomberg

과거 미국의 양적완화 당시 연준의 자산변화 추이

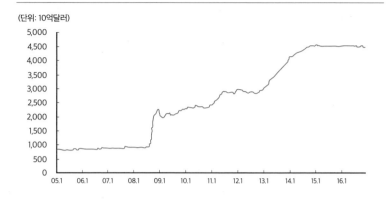

(단위: 10억달러)

연준은 양적완화를 하면서 꾸준하게 유동성을 공급했다. 특히 QE1 당시에 대규모의 유동성을 공급하면서 글로벌 금융위기로 인한 불안한 심리를 빠르게 잠재웠다. 위기가 발생했을 때 유동성을 공급하게 되면 금융시장에 확산된 공포심리는 쉽게 완화되는 모습이다.

자료: Fed, Bloomberg

인하는 시장의 기대를 충족시키지 못했으며 추가적인 정책에 대한 기대심리가 높아졌다. 이에 연준은 차례로 유동성 공급 정책을 발표하면서 불안한 투자심리를 완화시켰으며 완화적 기조를 유지하고 있다. 과거 글로벌 금융위기 당시 유동성 공급으로 인해 투자심리 완화 효과를 누렸던 기억이 있는 만큼 이번 위기에 적극적으로 대응한 것이다.

연준은 정책적 여력이 풍부했던 만큼 초반부터 강하게 유동성을 공급해 시장의 분위기를 주도했으며, 양적완화를 중단했던 ECB 역시 다시 양적완화를 재개하면서 발맞춰주는 상황이다. 다만 이제는 추가적으로 유동성이 공급되는 것보다는 공급된 유동성이 지속

연준의 자산과 달러인덱스

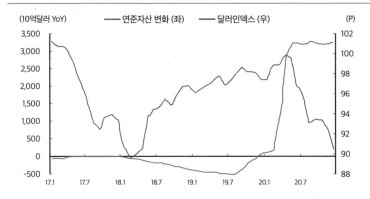

연준이 경기개선 등을 이유로 자산을 축소하고 금리를 올렸을 때 달러는 예상대로 강세흐름을 보였다. 이번에 코로나19로 인해 유동성을 공급하면서 달러는 역시 약세흐름을 보이고 있다.

자료: Fed, Bloomberg

적으로 시장에 머무르고 있다.

유동성은 언제든 상황이 악화된다면 추가로 공급하겠다는 입장인 만큼 시장에서는 유동성이 크게 늘어나지 않고 공급된 유동성에 대한 효과로 인해 금융시장은 안정을 찾았다. 오히려 유동성의 공급으로 펀더멘털의 개선이 나타난 것은 아니지만 주식시장은 전고점을 모두 경신하는 등 상승흐름을 이어가고 있다.

이러한 유동성으로 웬만한 악재에도 시장은 크게 흔들리지 않는 모습이며 유동성을 즐기고 있다. 코로나19가 독감과 맞물리면서 확산이 된다 하더라도 경기가 다시 위축되는 모습을 보이면 추가적인 유동성을 공급해줄 것이라는 기대감이 이어지고 있기 때문이다.

경기둔화를 방어하기 위한 유동성은 지속적으로 시장에 유입될 것이며, 이는 자산시장의 가격상승으로 연결될 것이다. 유동성 장세가 이어지는 가운데 추가적으로 대규모 유동성이 공급된 만큼 이에 따른 효과는 지속될 것으로 판단한다. 따라서 이러한 유동성 장세를 즐기는 것이 지금은 필요한 것이다.

펀더멘털의 개선이 빠르게 나타나는 것은 어려운 가운데 유동성으로 인해 화폐가치의 하락은 어쩔 수 없는 것이 사실이다. 이로 인해 주식시장과 부동산시장 등 자산시장의 가격상승이 나타난 것이며 화폐가치가 더욱 급속도로 떨어지고 있기 때문이다.

●
리스크 상존에도
적극적으로 대응할 때

이러한 시장에서는 리스크는 고려하되 적극적인 자세로 투자를 해야 한다. '부동산 가격이 많이 상승했으니 추가적으로 상승할 수 있는 여력은 많지 않을 것이다' 또는 '경기둔화가 나타나는 가운데 주식시장이 상승하는 것은 이상한 것이니 투자를 하지 않아야 한다'라고 언급할 수 있겠지만 가만히 돈을 가지고 있으면 오히려 마이너스가 되는 상황이다.

유동성이 주는 명암이 바로 이런 것이다. 초반에는 유동성이 공급되면서 불안한 투자심리를 완화시키며 우호적인 영향을 미친다.

하지만 유동성 공급에 따른 기대감은 시간이 지나면서 서서히 약화되고 경기개선 등 펀더멘털에 대한 관심이 커진다. 유동성의 버블은 쌓여가고 근본적인 체질 개선이 나타나지 않는다면, 오히려 부정적인 영향을 미치게 되면서 더욱 큰 리스크 요인이 되는 것이다.

이러한 역사가 반복되어왔기 때문에 이번 대규모 유동성 공급 효과가 단기적으로는 강하게 작용했으나 이후 리스크에 대해 지속적으로 언급되는 것이다.

●

금융규제,
앞으로 완화될까?

2008년 금융위기가 나타나면서 미국에서는 '볼커룰'이라는 금융규제를 제시했다. 볼커룰이란 미국 금융기관의 위험투자를 제한하고 대형화를 억제하기 위해 만든 금융기관의 규제 방안이다. 이러한 금융규제는 2020년 1월 1차로 볼커룰이 완화되었으며, 2차 볼커룰 완화가 임박한 상황이다.

2차 볼커룰 완화는 은행이 계열사와 파생상품을 매매할 때 스왑거래에서 적립할 현금규모를 완화하는 것으로, 대규모 투자가 용이해지는 만큼 M&A가 쉬워진다. 따라서 풍부한 유동성을 가진 미 대형은행들은 위험자산에 투자하게 되는 것이며, 2차 완화가 승인될 경우 유동성은 다시 시장에 공급된다.

볼커룰 완화에 대해 승인이 되지 않은 것은 유동성 공급에 따른 미국대선의 향방을 가늠할 수 있는 하나의 포인트가 되었기 때문이다. 추가 부양책에 대해서도 백악관과 민주당의 이견이 이어진 가운데 트럼프 대통령은 지지율 상승을 위해 부양책 규모를 다시 늘렸던 것이다.

금융규제를 완화한다면 단기적으로 유동성이 공급되면서 달러는 약세를 보인다. 이는 신흥국에 우호적으로 작용하나 실질적으로 우호적이라고 판단할 수 없다. 시장의 유동성은 풍부한 만큼 투자자금이 신흥국과 원자재 시장으로 대거 유입되고 있으며, 지속적으로 낮게 유지되던 물가가 연준의 인플레이션 용인 기조에 따라 인플레이션이 일부 나타나고 있기 때문이다.

하지만 인플레이션이 나타나더라도 금리를 인상할 수 없는 상황은 당분간 지속될 것이기 때문에 신흥국의 부채 리스크는 당장은 아니지만 고려할 수밖에 없다. 우리나라의 경우에도 볼커룰 완화로 인해 달러약세가 나타나고 풍부한 유동성 환경이 이어진다면 외국인에게 좋은 투자 환경을 만들어주는 것이다. 이로 인해 시세차익을 노리고 자본이 빠져나간다면 신흥국인 우리나라가 겪을 수 있는 상황을 고려할 수밖에 없는 것이다. 즉 달러약세의 흐름과 함께 추후 찾아올 금융위기에 대해서는 서서히 어떠한 방식으로 대응할 것인지는 여러 시나리오를 고려하는 것이 마음 편하게 투자할 수 있는 방법이다.

다시 지금의 코로나19가 야기한 유동성 장세를 언급해보자면, 당분간 여전히 이러한 흐름은 이어질 것이며 경기둔화를 방어하기 위해 선택한 최후의 수단이라 할 수 있다. 어떤 정책을 펼치더라도 부작용은 없을 수 없다.

　　양적완화 역시 부작용이 나타났던 것을 경험했지만 다른 전통적인 수단으로는 미국경제의 패러다임이 변한 만큼 회복하기는 어려운 것이다. 양적완화가 정답이 될 수는 없겠지만 차악의 선택으로는 가능하다. 따라서 투자자의 입장에서는 유동성이 공급되는 시장의 흐름을 읽고 적절하게 이를 활용하는 것이 효과적인 전략이라 할 수 있다.

금융위기와 코로나19가 야기한 경기둔화

글로벌 금융위기 이후 전반적인 경제 패러다임이 변한 가운데 코로나19로 인해 다시 한 번 경기는 크게 둔화되었다. 무제한적인 유동성을 공급하면서 경기둔화를 방어하고 있으나 둔화흐름은 지속될 것으로 예상한다.

글로벌 금융위기가 있었고 과거 동아시아의 금융위기를 떠올렸을 때 약 10년 주기로 금융위기가 발생할 것이라고 하며 대부분의 사람들이 어떤 리스크가 금융위기를 일으킬 것인지 분주하게 예측을 했었다.

하지만 다행히도 10년 주기로 금융위기는 발생하지 않았고 오히려 부진하던 경기가 되살아나려는 신호가 나타나면서 자산시장의 가격상승으로 연결되었다.

지금까지도 이러한 흐름은 이어지는 가운데 예상치 못한 코로나19가 발생하면서 글로벌 경제는 큰 폭으로 둔화된 상황이다. 글로벌 금융위기 이후 전반적인 경제 패러다임이 변했으며 코로나19로 인해 역시 다시 한 번 패러다임은 변했다.

●

회복된 후의 경제는
부진할 것으로 전망

경기의 진폭은 더욱더 좁아졌으며 일시적으로 경기가 크게 둔화되더라도 유동성에 의해 빠르게 회복은 되지만 이전의 경제수준에는 미치지 못하는 상황이 될 것으로 예상하고 있다.

선진국과 신흥국의 성장률 추이

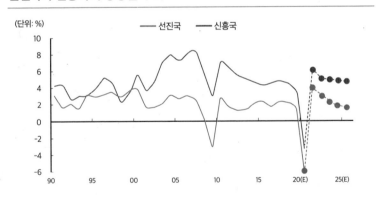

글로벌 금융위기 이후 전반적으로 성장이 저하되었으나 특히 신흥국의 경기둔화가 두드러졌다. 하지만 코로나19는 선진국 경제에 더욱 부정적인 영향을 미쳤으며, 이에 따라 회복도 더디고 이후 경기둔화가 나타날 것으로 예상된다.

자료: IMF

따라서 이번 코로나19로 인해 풍부한 유동성이 경기에 일정 부분 긍정적으로 작용하지만 과거와 같은 경기흐름을 유도하기에는 부족하다는 판단이며, 전반적인 글로벌 경기의 흐름은 둔화가 지속될 것으로 예상한다. 주요 경제기구들은 코로나19로 인한 글로벌 경기둔화에 대해 심각한 우려를 표명하고 있다.

즉 추가적으로 2021년 역시 경기부진에 대해 고려할 필요가 있는 것이다. 지표가 일부 개선되는 듯한 모습을 보였지만 실제로 펀더멘털 개선이라고 판단하기에는 아직 이른 시점인 것이며, 지표개선 역시 상승세가 두드러지지 않는 상황이다.

가장 큰 문제는 노동생산성이 감소하고 빈부격차가 더욱 벌어지고 있다는 것이다. 제조업 중심의 산업구조가 IT를 중심으로 한 정보통신, 서비스업의 구조로 변하면서 노동력이 중요한 시대는 지나갔다.

기술의 발달로 인해 로봇과 인공지능이 발전하면서 노동력을 대체하고 있으며 점차 이러한 현상은 강화되고 있다. 단순하게 노동력이 투입되어 생산성을 끌어올리는 시대에서 벗어나고 있다는 것이다.

단기적으로 유동성이 금융시장의 패닉을 방어하는 등 우호적으로 작용한 것은 맞지만 유동성 공급에 따른 경기개선에 대해서는 여전히 의문부호가 이어지고 있다.

변화된 사회구조,
이로 인한 우려

이러한 사회흐름에 따라 시가총액 상위종목들의 흐름 역시 변화고 있다. 지금은 IT 관련 기업, 4차 산업 도래에 따라 산업구조 변화를 받아들인 기업들이 시가총액 상위에 포진해 있다. 즉 산업구조가 변하고 있음을 주식시장에서도 바로 반영하는 것이다.

노동생산성을 보면 글로벌 금융위기 이후 특히 제조업을 중심으로 둔화되고 있다. 이는 우리나라뿐 아니라 전 세계적인 것으로, 투자와 수출의 부진이 나타나면서 노동생산성에 부정적인 영향을 미치고 있다. 수요가 크게 감소하고 국제무역 부진이 두드러지면서 이는 노동생산성의 둔화로 연결되었다.

여기에 주력 산업의 변화 역시 노동생산성 부진으로 나타나고 있다. 과거에는 제조업의 비중이 높고 자동차, 철강, 전자부품 등 노동력을 필요로 하는 산업이 성장했으나 공장의 설비도 자동화되고 있으며 주력산업의 부진이 나타나면서 전반적인 노동생산성이 하락하는 것이다. 오히려 한계기업은 유동성을 지속적으로 공급받아 회생하고 있지만 경기의 선순환적인 구조적인 측면에서는 노동생산성을 둔화시키는 요인으로 작용하게 된다.

이러한 구조적인 요인들로 인해 노동생산성은 둔화되고 있다. 글로벌 금융위기 이후 둔화된 노동생산성은 다시 코로나19로 인해

실질임금의 누적 변화

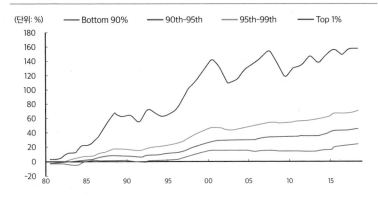

(단위: %) —— Bottom 90% —— 90th-95th —— 95th-99th —— Top 1%

임금별로 그룹화한 뒤 누적한 실질임금의 변화를 보면 양극화는 더욱 뚜렷하게 나타남을 알 수 있다. 상위 1%의 임금은 꾸준하게 상승하는 반면에 하위계층의 임금은 누적임에도 불구하고 상승이 크지 않음을 알 수 있다.

자료: Economic Policy Institute

재택근무가 늘어나게 되면서 더욱 둔화될 것으로 예상되기 때문에 문제라 할 수 있는 것이다. 노동생산성이 개선되어야 경기 사이클 진폭이 다시 커지는 등 경제성장에 대한 기대감이 살아나면서 우호적일 수 있지만 경제의 패러다임이 변한 시점에서는 이를 개선하는 것이 쉽지 않을 것이기 때문이다.

　노동생산성의 둔화와 함께 문제가 되는 것은 양극화이다. 과거부터 지금까지의 미국 내 소득불평등도를 보면 그 격차가 점점 벌어지고 있음을 알 수 있다.

　노동생산성의 둔화는 노동시장의 양극화로도 이어지며, 이는 다시 경제적 양극화라는 결과로 나타나게 된다. 코로나19의 확산에 따라 노동시장의 충격 역시 불가피하고, 이는 임금의 감소와 실업자 수의 증가로 연결되면서 소비감소가 발생하기 때문이다.

여기에 현재는 풍부한 유동성으로 인해 자산가격의 상승이 나타나고 있다. 자산가격의 상승으로 인해서 더욱 경제적인 양극화는 커질 수밖에 없는 상황인 것이다. 부의 대물림은 더욱 가속화되고 있으며 사회적 환경 역시 사다리 걷어차기가 진행되고 있는 만큼 이른바 '개천에서 용나기'는 더욱 어려워졌다고 할 수 있다.

이러한 경제적 양극화는 자본주의적인 사고에 의해서는 정당하다고 판단할 수 있으나 현실적인 경제의 측면에서 접근을 해본다면 정보의 불균형에 따른 역선택, 도덕적 해이가 발생하고 이로 인해 양극화도 심화되고 있다.

경제적 양극화와 코로나19로 인해 소비시장 역시 양극화가 더욱 강해지고 있다. 소비시장이 전반적으로 위축된 것은 사실이나 보복심리와 함께 럭셔리의 소비는 오히려 활성화되고 있다. 코로나19로 여행을 갈 수 없는 환경에 접하면서 대신 실내에서의 활동이 급격히 늘어나 대형 및 프리미엄 가전 수요와 함께 명품 시장도 커졌다.

특히 최근 코로나19로 인해 주목받는 MZ세대의 행동을 관찰해본다면 소비시장의 변화가 여실히 반영되고 있다. 플렉스와 같은 신조어가 나타나면서 일상생활에서의 용품들은 가성비를 찾지만 명품에 대한 욕구는 강하기 때문이다. 과거에도 위기일 때, 불황일 때 고가의 제품들이 잘 팔리는 특성을 보였다. 코로나19로 인해 글로벌 경제가 위축되는 가운데 이러한 속설은 여전히 맞다는 것을 증명해 주고 있는 것이다.

코로나가 야기한 경기둔화 속에서 노동생산성과 양극화의 가속화로 인해 향후에도 경기 사이클의 회복은 쉽지 않을 것으로 예상한다. 풍부한 유동성이 자산가격의 상승으로 연결되면서 더욱 양극화는 두드러질 것이다.

유동성의 공급은 단기적으로 투자심리에 긍정적인 영향을 미치는 것은 맞지만, 이는 통화가치 하락으로 연결되며 결국 각국 정부의 빚으로 남게 되는 것이다. 이러한 빚을 결국 어떻게 해결할 것인지가 문제라 할 수 있다.

그러므로 투자자 입장에서 현재 유동성은 즐겨야 하나 추후에 발생할 유동성 버블이 꺼질 때를 역시 대비해야 하는 것이다. 그때의 경제는 지금과는 비교할 수 없을 정도로 깊은 불황에 직면할 것으로 예상되기 때문이다.

미국의 유동성과
우리의 유동성

무제한적인 유동성을 공급하는 등 MMT라 할 수 있는 양적완화를 통해 미국은 경기둔화를 방어했다. 하지만 우리나라는 기축통화가 아닌 만큼 무제한적인 유동성을 공급할 수 없으며 국가별로 각국에 맞는 정책으로 코로나19에 대응하고 있다.

유동성을 각국이 공급하고는 있지만 국가별로 유동성을 공급하는 형태는 다르다. 각국의 경제적인 지위와 통화, 상황 등이 다 제각각이기 때문이다.

이론적으로는 금리를 인하하는 완화적인 통화정책을 펼치면서 유동성을 공급해 둔화된 경기를 되살리는 것이 맞다. 하지만 이전의 경험에서도 알 수 있듯이 이론적인 통화정책으로는 한계가 있었기 때문에 양적완화라는 새로운 정책을 도입하게 된 것이다.

다만 양적완화를 도입하면서 일시적으로 공포심리를 완화하고 둔화된 경기를 빠르게 회복시키는 효과를 얻었다. 그렇기 때문에 이번 코로나19로 인해 글로벌 경기가 둔화될 때 무제한적인 양적완화를 다시 도입한 것이다.

●

미국의 양적완화,
이제는 MMT일까?

미국에서는 글로벌 금융위기 이후 크게 세 차례에 걸쳐 양적완화 정책을 시행했다. 2008년 11월과 2009년 3월, 이후 2010년 11월 등두 차례 양적완화를 시행했으나 실물경기회복에는 역부족이었다. 이에 QE2를 종료한 2011년 6월 이후 다시 연준은 양적완화를 도입하기로 발표한 것이다. 2012년 9월 매달 400억 달러 규모의 주택저당증권(MBS)을 매입하고, 0% 수준의 기준금리를 2015년 중반까지 유지한다는 내용을 포함했다. 저금리의 자금이 유입되면서 마이너스 성장률에서 벗어나 큰 폭의 성장률을 기록하고 실업률이 하락하는 등 유동성으로 인한 경기개선 효과가 나타나면서 3차 QE는 2014년 10월 종료되었다.

일명 '버냉키 쇼크'로 불리는 출구전략으로 인해 글로벌 경제는 휘청였다. 지속적으로 자금을 공급하며 경기를 부양하던 미국이 정책방향을 변경했기 때문이다. 양적완화를 축소할 수 있다고 버냉키 연준 의장이 발언하면서 주요 국가의 금융시장 변동성은 커졌고, 신흥국에서는 자금이 대량으로 유출되면서 리스크 요인이 매우 커졌

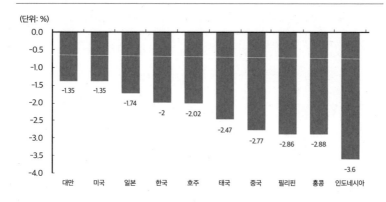

버냉키 쇼크로 하락한 주요국 증시

(단위: %)

대만	미국	일본	한국	호주	태국	중국	필리핀	홍콩	인도네시아
-1.35	-1.35	-1.74	-2	-2.02	-2.47	-2.77	-2.86	-2.88	-3.6

버냉키 전 연준의장은 2013년 6월 당시 양적완화를 축소할 수 있다고 언급했다. 특히 신흥국 금융시장에 리스크 요인으로 작용했다. 유동성을 공급하던 미국에서 출구전략을 취하면서 달러 강세가 나타날 것이 예상되기 때문에 신흥국의 자금유출에 대한 우려가 반영된 것이다.

자료: Bloomberg

다. 이에 연준은 월 자산매입 규모를 100억달러씩 줄이기로 결정하는 등 축소 속도를 일정하게 유지하겠다고 언급하면서 불안은 서서히 완화되었다. 양적완화 축소, 중국의 제조업 경기둔화, 신흥국 리스크 부각 등이 복합적으로 작용하면서 특히 신흥국의 경제에 부정적인 영향을 미쳤으나 서서히 양적완화 축소 속도에 적응했다.

이후 미국은 경기회복으로 인해 서서히 기준금리를 올렸으며 경기회복에 대한 자신감을 드러냈다. 하지만 다소 높아진 금리수준의 조정을 통해 확장기조를 유지하기 위해 2019년 약 11년 만에 기준금리를 소폭 인하했다. 이미 예상하던 바였으며 향후 경기둔화를 방어하기 위한 선제조치라는 점에서 시장에 충격으로 나타나지 않았다. 오히려 유동성이 지속적으로 공급될 것이라는 신호로 받아들이면서 금융시장에서는 호재로 받아들이고 주식시장의 상승 요인으로 작용했다.

예상치 못한 코로나19의 발생은 다시 미국을 중심으로 한 유동성 공급 시대로의 개막을 알리게 되었다. 미국이 2020년 발표한 양적완화는 사실상의 MMT라고 볼 수 있다. MMT란 Modern Monetary Theory, 즉 현대통화이론으로 '정부 지출이 세수를 상회해서는 안 된다'는 기존의 경제학적 이론 대신 '경기부양을 위해 화폐를 계속적으로 공급해야 한다'는 내용을 담고 있다. 이에 대해 기존 경제학계에서는 재정적자를 확대할 경우 급격한 물가상승이 나타난다고 반대를 하고 있다.

양적완화와 MMT 모두 유동성을 공급한다는 측면에서는 같지만 통화를 발행한다는 점에서 큰 차이가 있다. 기존의 방식으로는 경제성장을 이끌어내기 어렵다는 것을 안 일부 학자들이 세수보다도 더 많은 정부 지출을 통해 경기를 부양하는 방법을 동원해야 한다는 것이 주요 골자이다.

이번 코로나19로 인해 미국에서는 직접적으로 현금을 지급했기 때문에 양적완화의 일환인 MMT라고 보는 것이 좀 더 적절해보인다. 즉 '헬리콥터 머니'로 개인에게 소득을 지급한 것이다. 이렇게 화폐가 시중에 공급되고 미국대선 이후에도 추가적으로 MMT에 기반한 정책이 이어질 것이라는 기대감이 이어지고 있어서 달러의 가치는 낮아지고 있다고 판단할 수 있다.

MMT, 다른 국가에서도
적용 가능할까?

미국에서는 코로나19 사태로 인해 양적완화의 궤가 다른 완화적인 통화정책을 펼치면서 경기부양을 위해 노력했다. 그렇다면 한국의 양적완화 정책과는 어떤 것이 다르다고 할 수 있을까? 우리도 MMT 에 기반한 정책을 펼칠 수 있을까?

답부터 하면 쉽지 않다. 그 이유는 원화가 기축통화가 아니기 때문이다. 달러는 전 세계에서 가장 수요가 많은 기축통화이기 때문에 화폐발행이 나타난다 하더라도 급격한 물가상승으로 연결되지 않는다. 하지만 원화의 발행으로 유동성을 공급하게 된다면 시중의 유동성은 기하급수적으로 늘어나면서 자산가격의 상승과 함께 인플레이션이 급속도로 진행될 수 있기 때문이다. 따라서 기존의 양적완화에 기반한 완화적인 정책이 적절한 것이다.

이에 한국은행에서 실시한 양적완화는 채권을 담보로 한 간접적인 유동성 공급이다. 은행이 중앙은행으로부터 유동성을 공급받아 기업에게 대출한 것인 만큼 기업의 대출 리스크를 사실상 금융회사가 떠맡았다. 그렇기 때문에 실질적으로 유동성 공급 정책에서 은행은 적극적인 태도를 보이기 어려웠던 것이며, 경기를 부양하기 위한 완화적인 정책을 펼치기 위해서는 더 적극적인 정책이 필요했다.

채권발행이 지속적으로 이어지면서 채권시장에 대한 수급 불균형 우려가 커지고 있다. 다만 한국은행에서는 여전히 시장이 불안할 경우 적극적인 대응을 하겠지만 채권매입 대상을 늘리거나 규모를 확대하는 등의 본격적인 양적완화를 도입할 계획은 아직 없다. 코로나19로 인해 경기가 둔화되면서 기준금리를 한 차례 인하했으나 미국, 유럽 등에서 했던 양적완화와는 일부 차이가 있는 정책을 펼쳤다고 할 수 있다.

경제적인 환경도 다르고 통화 역시 그 가치가 다르기 때문에 각국에 맞는 정책을 써야 하는 것은 맞다. 대외 개방도가 높기 때문에 적극적인 정책을 펼치는 것 역시 한계가 있는 것도 사실이다. 하지만 부채는 증가하고 있으며 유동성 역시 늘어나는 가운데 실질적인 경기개선의 효과는 크지 않은 것이 사실이다. 2021년도 경기개선에 대한 기대감은 여전히 이어지고 있으나, 이는 기저효과로 인한 영향이 큰 것이며, 전망치는 코로나19의 추가확산 우려로 인해 다시 낮아지고 있다.

유럽을 중심으로 코로나19가 재확산되고 있고 마국에서도 일부 지역에서 재확산되면서 경제 활동의 부분폐쇄가 다시 시작되었다. 따라서 코로나19의 2차 확산에 따른 경기둔화는 하반기 지표에 반영될 것으로 예상된다.

그에 따라 다시 유동성 공급은 이어질 것으로 보이며 결국은 미국뿐 아니라 다른 국가에서도 MMT를 기반으로 한 양적완화가 실행될 가능성이 높다. 그렇기 때문에 유동성에 따른 인플레이션이 2021년의 주요 이슈가 될 가능성이 높으며 과잉공급된 유동성에 따른 경제적 부작용이 발생할 수 있다는 것을 염두에 두어야 한다.

앞으로 이 유동성은 언제까지 지속될까?

무제한적으로 공급된 유동성으로 인해 경기둔화를 방어한 것은 사실이다. 완화적인 정책은 이어질 것으로 예상되는 가운데 유동성 공급이 언제까지나 지속될 수는 없기 때문에 이후를 준비해야 한다.

현재 진행되고 있는 유동성 장세는 길게 본다면 2008년 글로벌 금융위기부터 시작되었다. 당시에 기존의 통화정책으로는 경기둔화를 방어하기에 역부족이었던 만큼 양적완화라는 새로운 개념을 도입했던 것이다. 앞에서 언급했던 것처럼 미국에서는 양적완화를 통해 경기개선 효과를 누렸으며, 양호한 경기흐름은 코로나19라는 돌발변수가 발생하기 전까지 지속적이었다고 할 수 있다.

하지만 유럽에서는 처음부터 양적완화를 실시하고 ECB에 은행이 자금을 예치할 경우 이자를 지불하는 마이너스 예금금리까지 도입하는 등 시장에 유동성 공급을 유도했으나 경기는 좀처럼 속도를

ECB의 정책금리와 예금금리

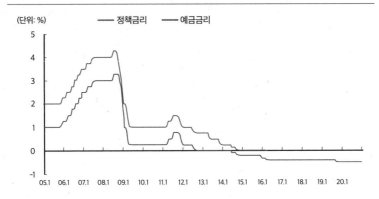

ECB는 2016년 3월부터 제로금리를 도입했으며, 예금금리는 이미 2014년 6월부터 마이너스를 기록하고 있다. 이렇게 낮은 금리가 유지되고 있음에도 불구하고 유럽의 경기는 부진이 지속되고 있다.

자료: ECB, Bloomberg

내지 못했다. 유동성에도 불구하고 디플레이션 압력은 지속적으로 커지는 등 저물가 기조가 자리를 잡았다.

●

2008년부터 시작된 유동성 장세

미국과 유럽이 양적완화라는 제도를 도입했음에도 불구하고, 그 효과는 달랐다. 그 이유를 간략하게 살펴본다면 태생적으로 경제적인 상황이 다른 국가들을 하나의 공동체로 묶어서 발생하게 된 부작용

주요국의 M2 흐름

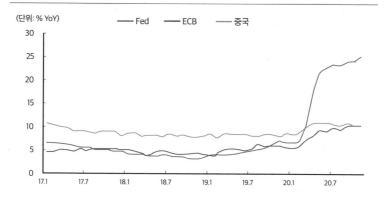

소폭의 증가 흐름을 보이던 주요국의 M2는 코로나19로 인해 유동성이 공급되면서 크게 늘어났다. 특히 연준의 M2 증가가 눈에 띄며, 증가세는 지속되는 모습이다.

자료: Fed, ECB, Bloomberg

이 서로 다른 효과를 일으켰다고 볼 수 있다.

지금은 다시 코로나19로 인해 전 세계가 완화적인 정책을 펼치고 있으며, 유동성은 그 어느 때보다도 풍부하다. 그렇다면 이 풍부한 유동성이 언제까지 이어질 수 있을까? 지속적으로 화폐를 찍어내 경기를 되살리는 MMT가 자리잡게 되는 것일까?

한국은행에서는 코로나19로 인해 공급된 대규모 유동성이 주택가격의 인상을 야기한다고 우려를 표명한 바 있다. 실제로 정부의 규제에도 불구하고 주택가격은 상승세가 이어지고 있는 상황이다. 화폐의 가치가 하락하는 만큼 유동성은 확실한 수익률을 창출할 수 있는 시장으로 이동하게 되며, 그 중 하나가 우리나라에서는 주택시장이기 때문이다.

서울 아파트 매매가격과 유동성 변화

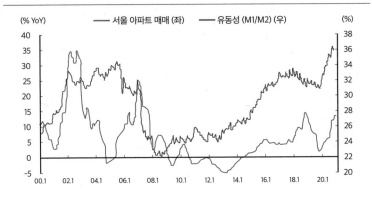

아파트 매매가격은 유동성과 비슷하게 움직인다는 것을 이 그래프를 통해 알 수 있다. 특히 유동성이 가파르게 늘어나는 시점에는 서울 아파트 가격의 상승세 역시 두드러졌다.

자료: KB부동산, 한국은행 경제통계시스템

●

MMT, 주류로
자리잡을 수 있나?

여기에 IMF 역시 대규모 유동성으로 인해 실물경기와 금융시장의 왜곡에 대해서도 경고한 바 있다. 실질적으로 경기둔화는 나타나고 있으며, 일부 경기가 회복하는 모습을 보이더라도 코로나19 이전의 경제수준으로 되돌아가기는 힘들 것이라는 데 대부분 공감대가 형성되어 있다.

유동성이 지속적으로 공급되는 것에 대해 다들 우려를 표명하고 있는 것은 사실이다. 하지만 코로나19로 인해 무제한적인 유동성이 공급되고 단기적으로 금융시장의 안정이 나타나자 MMT에 관심이 집중되었다.

몇 년 전부터 등장하기 시작한 MMT는 1905년 독일의 역사학자이자 화폐론자인 프리드리히 크나프가 기초를 세웠으며, 1970년대 미국의 경제학자이자 헤지펀드 매니저인 워런 모슬러가 체계화한 뒤 윌리엄 미첼 교수, 민주당 상하원 의원 등은 복지확대를 위해 MMT를 옹호하고 있다. 특히 대표적인 MMT 이론의 사례로 일본을 제시했다.

일본은 무제한적인 완화정책으로 인해 GDP 대비 재정적자 비율이 크게 늘었으나 물가상승률은 여전히 2%를 하회하는 등 저물가 기조가 이어지고 있다. 금리 역시 마이너스를 유지하고 있으며, 국채는 여전히 안전자산으로 분류된다.

하지만 정통·주류 경제학의 관점에서 보면 MMT는 이론이 아니다. 기존 경제학에서는 유동성이 공급되면 금리와 물가가 상승하고 통화가치가 떨어져 결국 경제에 부정적인 영향을 미친다. 하지만 이러한 통념이 일본의 장기 경기침체로 인해 무너지기 시작했으며, 코로나19 영향으로 경제 패러다임이 변하면서 MMT가 다시 주목받기 시작했다.

코로나19로 사회적 거리두기가 보편화되면서 산업의 공급망이 붕괴되고 수요 역시 큰 폭으로 감소하는 등 글로벌 소비감소로 인한 문제가 구조화될 수 있는 상황이다. 그렇기 때문에 직접적으로 국민들에게 긴급재난기금을 지급하면서 경기개선 효과를 기대했다. 돈을 찍어서 경기를 살리겠다는 MMT라 할 수 있는 것이다.

하지만 이러한 무제한적인 공급으로 인한 부작용은 경제학적 패러다임이 변한다 하더라도 피할 수 없다. 주류 경제학에서는 재정을 충당하기 위해 세금을 부과하고 국채를 발행해야 한다고 보지만 MMT는 정부가 무제한적으로 화폐를 발행해 재정지출을 해야 하며 세수나 국채발행에 얽매일 필요가 없다고 주장한다.

이는 자본주의의 근간을 흔들 수 있는 것으로 코로나19의 추가적인 확산에 의해 다시 이론의 정당성에 관심이 집중되고 있는 것은 사실이다. 단기적으로 높아진 실업률을 낮추고 고용의 불안을 가지고 있는 국민들에게 현금을 직접적으로 지급해 소득을 보전해주는 것이 현재로서는 최선이기 때문이다.

연준에서도 목표 인플레이션에 대해 기존의 2%에서 평균 물가 목표제를 도입하겠다고 밝혔다. 즉 이는 인플레이션이 2%를 넘어도 용인하겠다는 것으로 완화적인 기조를 지속하겠다는 의미다. 당분간 저금리 기조와 유동성 공급이 이어진다는 것으로 해석할 수 있다.

즉 코로나19로 인한 경기둔화가 나타나는 만큼 현재의 유동성 장세는 지속될 것으로 보인다. 코로나19의 재확산이 나타나고 있는 만큼 MMT에 기반한 완화적 기조는 여러 논의 속에서도 이어질 것으로 보인다.

과거의 필립스 곡선 역시 변화된 패러다임에 따라 적용되지 않고 있는 것이 사실이다. 필립스 곡선이란 실업률과 명목임금 상승률 간의 음의 관계가 있음을 표현한 곡선으로, 주요국에서 실업률과 인플레이션 사이에는 음의 통계학적 상관관계가 존재한다. 하지만 글로벌 금융위기 이후 경제구조가 변한 것이 사실이며, 이에 따라 필립스 곡선 역시 영향을 받아 평탄화되었다고 할 수 있다.

사회구조의 변화에 따라 산업이 변하면서 노동시장의 구조가 변화했으며 기술 혁신, 저물가 기조 등의 영향이 경제학적 이론에도 영향을 미친 것이다. 이는 연준이 평균 물가목표제를 도입하게 된 하나의 원인이기도 하다.

현재 시중에 풀려 있는 유동성으로 인해 부작용에 대해서도 우려가 많은 것은 사실이다. 하지만 단기적인 관점으로 접근해본다면 분명 유동성은 투자심리에 긍정적인 영향을 미치면서 주식시장의 투자자 입장에서 본다면 호재인 것은 분명하다.

따라서 이를 충분히 즐길 필요가 있다. 코로나19로 인한 경기둔화는 계속 이어질 것이다. 이에 추가적인 유동성 공급이 이어져 향후 2~3년은 저금리 기조가 함께 지속될 것이다. 유동성에 대한 제한적인 효과에 대해서도 분명히 인지를 하고 있는 것은 맞다. 하지만 현재의 경기구조의 흐름상 MMT를 기반으로 한 양적완화는 이어질 것으로 예상된다.

투자자의 입장에서는 유동성으로 인한 부정적인 효과를 고려해야 한다. 하지만 화폐가치가 하락하고 있는 만큼 유동성이라는 버블에 올라타 자산시장의 가격상승을 충분하게 누려야 한다.

코로나19의 재확산이라는 리스크가 다시 부각된 상황이다. 이로 인한 우려 역시 상존하는 가운데 풍부한 유동성은 지수의 상승을 이끌면서 연이어 최고치를 경신하게 했다. 추가적인 유동성 공급, 경기부양책, 백신개발 등에 대한 기대감이 리스크를 누르고 있는 것이다. 온전하게 리스크가 해결되지 않은 상황에서 센티멘트로 지수가 상승한 만큼 레벨에 대한 부담 역시 나타나고 있다. 하지만 유동성이라는 힘을 믿고 유동성의 버블에 올라타야 한다.

3장

혼재한 리스크 속에서
수익률을 창출하려면?

유동성과 리스크, 과연 누가 이길까?

풍부한 유동성이 시장을 지배하는 가운데 코로나19의 확산세에도 불구하고 주식시장은 상승세를 이어가며 사상 최고치를 경신하고 있다. 리스크를 유동성이 누르고 위험자산 선호 심리가 커지고 있으므로 유동성의 힘을 즐겨야 한다.

바이든 정부가 출범하고 옐런 전 연준의장이 재무장관에, 그리고 파월 현 연준의장까지 삼각편대가 형성되었다. 비둘기 색채를 띤 2명이 미국의 통화 및 재정정책에 수장이 된 가운데 대통령까지 힘을 실어줄 것으로 예상되는 만큼 유동성 공급은 지속될 것으로 보인다. 따라서 유동성 장세와 함께 자산가격의 상승흐름은 이어질 것이다.

지금의 자산시장의 강세가 유동성에 의한 것임은 누구나 다 인정할 것이다. 저금리가 이어지고 있는 만큼 이러한 유동성을 적극적으로 활용해 자산가격의 상승으로 연결되었다. 추가적인 완화기조가 이어질 것으로 예상되기 때문에 이에 대한 기대감이 추가적인 자산가격의 상승으로 나타나고 있다.

KOSPI는 글로벌 주요 국가들의 지수 가운데 2020년에 이어 2021년에도 가장 높은 수익률을 기록하고 있다. 단순하게 유동성만으로 지수가 상승하는 것이라고 단언하는 것은 아니다.

그러나 풍부한 유동성을 바탕으로 한 개인 매수세가 큰 역할을 한 것은 맞다. 특히 공매도 금지 조치가 연장되고 대주주 양도소득세 과세 요건 강화가 연기된 것도 유동성 장세에 긍정적인 역할을 했다.

유동성을 기반으로 한 시장 흐름은 약 1년 정도 이어지고 있다 (2020년 3월부터). 과거 사례를 볼 때 유동성 장세가 지속되는 것이 쉽지 않다는 것을 알고 있다.

하지만 완화적인 기조를 쉽게 꺾는 것 역시 어렵다는 것도 잘 알고 있다. 테이퍼링이라는 단어만 언급하더라도 시장의 변동성은 커지기 때문이다. 따라서 완화적인 기조, 즉 유동성 공급의 변화가 단기간 내에 이루어지기 어려울 것으로 보인다.

현 상황에서는 유동성으로 인한 자산시장의 가격흐름이 이어지는 만큼 이를 기반으로 전략을 세우고 대응을 하는 것이 맞다. 하지만 유동성 장세가 단기간 내 빠르고 강하게 진행되면서 지속된 것이라는 점을 생각해본다면 마음 한구석에 있는 리스크에 대한 대비를 조금씩 준비해야 한다.

유동성 vs.
리스크

각국 중앙은행과 정부의 유동성 공급은 지속되고 있으며 이에 따른 긍정적인 효과가 리스크 상존이라는 부정적인 효과를 상쇄하고 있는 것이 현재 상황이다. 앞에서도 언급했듯이 유동성은 경기둔화를 방어하기 위해 지속적으로 공급될 것이다. 현재는 추가적으로 공급되는 유동성이 제한적인 상황이나 코로나19의 재확산으로 인해 상황을 지켜본 뒤 다시 유동성 공급은 늘어날 것이다. 하지만 코로나19의 2차 확산이 현실화되고 있는 만큼 이에 따른 리스크 역시 다시 부각되며 투자심리를 위축시킬 수 있다.

다시 유동성과 리스크의 힘겨루기가 강해질 수 있는 상황이며, 부각될 수 있는 리스크를 고려해야 한다. 2020년 3월 코로나19 쇼크로 큰 폭으로 하락했던 주식시장을 중심으로 한 자산시장은 유동성에 기반해 상승흐름을 보였다. 이에 경제지표의 부진, 실물경기의 둔화 등 펀더멘털과의 괴리는 점차 벌어지고 있으나 지금은 유동성이 리스크를 억누르고 있다.

하지만 경제는 유동성의 함정에 빠진 것으로 봐야 하지 않을까? 경기를 살리기 위해 정부와 은행이 유동성을 지속적으로 공급하고 있으나 경기는 살아나지 않고 있으며 미래경제에 대해서도 불안한 심리는 잠재되어 있기 때문이다. 현재의 유동성 공급은 MMT에 기반한 양적완화로 봐야 하는데, 그동안의 양적완화 효과에 대해서는 의문이 이어지고 있기 때문에 MMT가 수면 위로 떠오른 것이다.

　MMT의 효과에 대해서는 아직 판단하기 이른 시점인 것은 맞다. 유동성이 불안한 심리를 잠재워주고 있으나 풀린 유동성을 어떻게 회수할 것인지가 문제이기 때문이다. 과거 버냉키 의장이 테이퍼링을 실시했을 때 그 충격은 엄청났다. 이후 연준은 유동성을 서서히 회수했으나 지금은 글로벌 금융위기 때 공급한 유동성보다도 훨씬 더 큰 규모인 상황이다.

　하지만 경제 패러다임의 변화와 인플레이션이 어느 정도 유지된다면 MMT에 대한 주류 경제학계의 반발심리에도 글로벌 통화정책은 MMT가 주도할 가능성이 높다. 이러한 흐름 속에서 리스크에 따라 변동성은 이어질 것으로 예상하는 만큼 향후 경제에 리스크가될 수 있는 요인에 대해 점검할 필요가 있다.

염두에 둘 리스크 1_
코로나19의 영향력 지속

현재 가장 큰 리스크는 코로나19이다. 잠잠해지는 듯 했으나 계절적인 영향으로 인해 재확산되고 있다. 그럼에도 투자심리가 살아있는 것은 백신개발에 대한 기대감 때문이다.

2019년 말 발병한 코로나19는 2020년 초 전 세계적으로 확산되면서 경기둔화를 불러일으켰다. 구조적인 문제로 인해 경기침체가 발생한 것이 아닌 예측 불가능했던 리스크가 발생했던 것이다. 이에 따라 충격은 크게 나타나고 있으며 영향력이 지속되고 있다.

한 번 충격을 받은 경제가 회복을 하는 데 소요되는 시간은 상당하다. 무제한적인 유동성을 공급해 충격을 완화하기 위해 노력하고 있으나 다시 코로나19가 확산되고 있는 만큼 이에 따른 부정적인 영향이 나타날 것으로 보인다.

정부의 완화적인 정책으로 인해 성장률이 큰 폭으로 하락하는 것을 방지했으며, 2분기에 큰 폭으로 성장률이 하락했던 다른 국가들에 비해 한국의 성장률은 선전하는 모습을 보였다. 하지만 다시 전 세계적으로 코로나19의 확산이 나타나고 있으며 이에 따른 경기둔화를 고려해야 한다. 기저효과로 인해 경기가 회복되는 듯한 모습을 보일 수 있겠지만 회복속도는 더디게 나타날 것으로 예상되며, 경제가 회복하는 모습을 보인다면 유동성 역시 공급되는 속도가 느려질 것이다.

코로나19로 인해 전 세계의 2분기 성장은 큰 폭으로 둔화되었다. 미국은 -31.4%(QoQ 연율)로 크게 하락한 반면 한국은 상대적으로 양호한 모습(-3.2% YoY)을 보이면서 경기둔화를 방어한 모습이다.

2020년 2분기 성장률

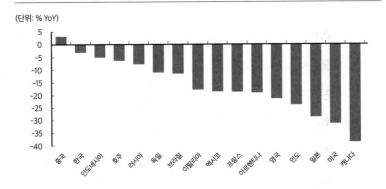

(단위: % YoY)

코로나19로 전 세계의 2분기 성장은 큰 폭으로 둔화되었다. 미국은 -31.4%(QoQ 연율)로 크게 하락한 반면, 한국은 상대적으로 양호한 모습(-3.2% YoY)을 보이며 경기둔화를 방어한 모습이다.

* 일본, 미국, 캐나다는 QoQ(직전 분기 대비 증감율) 연율 지표
자료: Bloomberg

코로나19의 영향력이 이어져
불안은 지속

과거 글로벌 금융위기 당시에도 통화정책과 재정정책의 효과는 서서히 약해지는 모습을 보였으며, 결국에는 소비가 회복하는지 여부가 더욱 중요했다. 기업의 생산 및 투자가 정상 궤도에 진입하기 어려울 것으로 판단되는 가운데 코로나19의 재확산이 나타나고 있는 만큼 다시 투자심리가 위축되고 글로벌 경기부진에 따른 수요 침체가 야기될 수 있다.

실제로 코로나19가 재확산되면서 소비심리를 중심으로 위축되고 있다. OECD에서 발표하는 소비자신뢰지수는 하락 이후 회복되는 모습을 보이기도 했으나 한국은 코로나19를 둘러싼 상황이 양호함에도 불구하고 재확산 우려로 인한 불안감이 소비심리에 부정적인 영향을 미치고 있다.

코로나19의 백신과 치료제 개발이 진행되고 있으나 냉정하게 평가를 한다면 빠른 시일 내에 치료제나 백신이 개발되기는 어렵다. 따라서 불안한 소비심리는 이어질 것이며, 그렇기에 경기 역시 급격한 회복을 보이기는 어려울 것으로 예상한다.

정부에서는 소비쿠폰을 지급해 내수경제의 활성화 방안을 도모하고 있다. 하지만 내수를 되살리기 위한 활성화 대책 중 상당 부분은 접촉이 불가피하기 때문에 방역대책이 추가적으로 필요하다.

2020년 8월에도 여름휴가 시즌에 맞춰서 소비 쿠폰 및 행사, 관광 이벤트 등으로 음식, 숙박, 문화 등 코로나19로 인해 크게 타격을 입은 업종을 중심으로 되살리고자 했으나 수도권을 중심으로 코로나19가 전국적으로 확산되면서 정부의 소비 활성화 대책은 시행해보기도 전에 중단되었다.

여기에 실질적으로 이러한 효과가 내수진작에 과연 도움이 될 것인지 역시 의문이 드는 것은 사실이다. 정부의 지원금 지급 효과도 내수에 나름 긍정적이긴 했으나 일시적인 효과에 그쳤으며, 2차 지원금은 그 범위가 축소되었기 때문에 별다른 효과를 미치지 않았기 때문이다.

영국·프랑스·스위스 등에서는 코로나19의 재확산으로 인해 통행금지 등 재봉쇄 조치가 일부 단행되었으며, 미국에서도 중부·서부를 중심으로 확산에 대한 경고가 지속적으로 언급되고 있다.

여기에 인도에서는 신규 확진자 수가 미국을 상회하면서 누적 확진자 수 격차도 줄어들고 있다. 더욱 우려스러운 점은 빈곤층을 중심으로 확진이 나타나는 가운데 생계를 위해 검사를 거부하는 등 실제 감염자 수를 명확하게 알 수 없다는 것이다.

여기에 의료체계가 다른 국가들과 비교했을 때 코로나19로 확진자 수가 큰 폭으로 증가하면서 사실상 붕괴된 것으로 봐야 하기 때문이다.

코로나19로 인한
패러다임의 변화

코로나로 인해 사회적으로 양극화가 더욱 강해지고 있는 것 역시 우려스럽다. 과거에 비해 점점 사회의 양극화가 진행되는 것은 피할 수 없는 것이나 코로나19로 인해 노동시장이 크게 위축된 이후 경기회복에 대한 불안심리가 이어지고 소비가 위축되면서 고용시장에서의 양극화가 지속되고 있기 때문이다.

이는 경제의 패러다임 변화와 함께 야기된 것으로, 특히 서비스업에 종사하는 노동시장에서 소외되는 임시·일용근로자에게는 독이 되고 있다. 정부의 직접적인 소득 보전이 확산되고 있으나 지속적으로 제공하기는 어려운 것이며, 소비 활성화가 뒷받침되어야 다시 일자리 창출이 나타나면서 완만하게 회복될 것으로 보이지만 현 상황을 고려해본다면 악순환은 피할 수 없을 것이다.

이러한 노동시장의 양극화는 소비의 양극화로 연결되고 사회적으로도 갈등이 조장될 수 있는 사안인 만큼 양극화는 더욱 가파르게 심화될 것으로 예상한다.

코로나19로 인해 약 10년 만에 경제위기를 다시 맞이하게 되었다. 글로벌 경기둔화는 또 다시 찾아왔으며, 회복에는 상당한 시일이 소요될 것이다. 코로나19로 인해 새로운 산업이 성장하는 것은 긍정적이라 할 수 있겠지만 경기둔화에 대한 우려가 지속될 수밖에 없다. 이는 회복을 더욱 더디게 만드는 요인으로 작용할 것이며, 무제한적으로 공급된 유동성은 MMT에 기반해 이어질 것이다.

새로운 세상이 찾아온 것이다. 언택트 경제가 확산되면서 경제 패러다임이 바뀌게 되고, 이로 인해 양극화는 더욱 가속화될 것이다. 이에 따라 현명하게 새로운 사회를 받아들일 준비를 하고 대처해야 하며, 경기가 둔화되는 가운데 시장의 유동성을 어떻게 활용할 것인지 역시 중요한 시대이다.

유동성에 기반한 자산시장의 상승흐름은 경기둔화에도 불구하고 엇갈린 모습으로 나타날 것이며, 그렇기 때문에 이를 적극적으로 활용해 통화가치의 하락에도 내가 보유한 자산가격의 상승을 이끌어내야 하는 것이다.

정보는 무궁무진하다. 오히려 쏟아지는 과도한 정보에 노출되어 있어 이로 인한 피로감이 쌓여간다. 내가 활용할 수 있는 정보와 활용할 수 없는 정보를 분류해 똑똑한 투자자가 되는 것만이 코로나19 이후의 양극화 시대에서 살아남을 수 있는 방안이 될 것이다.

염두에 둘 리스크 2_ 미 대통령의 변화

바이든 전 부통령이 미 제46대 대통령으로 당선되었으며 백악관은 공화당에서 민주당으로 넘어갔다. 이에 전반적인 정책은 변할 것으로 예상하며, 국내에도 여러 방면으로 영향을 미칠 수밖에 없기 때문에 대비를 할 필요가 있다.

미국대선에서 트럼프 대통령은 재선에 성공하지 못했다. 좁혀지던 지지율은 결국 바이든 대세를 꺾지 못하면서 트럼프 대통령은 재선에 실패한 대통령 중 한 명으로 기록될 것이다.

　민주당에서 여러 후보가 도전했으나 결국 바이든 전 부통령이 민주당 후보가 되면서 바이든과 트럼프의 구도가 형성되었다. 두 후보의 지지율은 역전된 적이 없이 바이든 후보가 지속적으로 트럼프 대통령을 앞서나갔다. 특히 코로나19의 확산이 가속화되면서 미국에서의 신규 확진자 수가 늘어나자 트럼프 대통령의 지지율은 하락하고 바이든 전 부통령의 지지율은 상승하면서 격차가 벌어졌다. 대

미국대선 결과

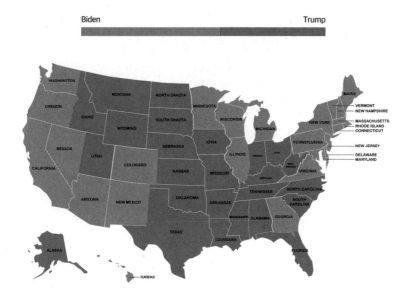

270표를 얻으면 승리하는 대선에서 바이든은 306표를 얻은 것으로 집계되었다. 미국대선 역사상 처음으로 7,000만 표 이상을 얻는 등 최다 득표를 기록했으며, 트럼프 대통령은 28년 만에 재선에 실패했다

자료: 270 to win

선을 약 한 달 여 앞두고 트럼프 대통령이 코로나19 확진 판정을 받으면서 좁혀졌던 격차는 다시 벌어졌다.

투표 후 개표를 하면서 트럼프 대통령의 재선 성공 가능성이 부각되었으나 우편 투표의 결과가 반영되면서 접전지역을 바이든 전부통령이 가지고 가며 승부가 판가름났다. 예상대로 코로나19로 인해 투표소 내 감염을 우려해 확대 실시한 우편투표가 화약고였다.

트럼프 대통령의 지지자는 현장 투표를 선호하는 것으로 나타났으며, 바이든 전 부통령의 지지자는 우편 투표를 선호하는 것으로 알려졌다. 개표 초반에는 현장 투표 결과가 집계되면서 트럼프 대통령의 당선 가능성이 높았으나 우편투표 결과가 나오면서 결과는 바뀌었다.

●

바이든 시대,
어떤 영향을 미칠까?

바이든 후보가 미국의 46대 대통령으로 직무를 수행하기 시작한 만큼, 트럼프 대통령이 재임하는 기간 동안 발생했던 그리고 최근 코로나19의 확산에 따라 나타난 경기둔화에서 벗어나기 위한 정책이 우선될 것이다. 여기에 계층 간의 불평등 해소가 나타나고 있는 만큼 균형을 맞출 수 있는 재정 및 조세 정책이 추진될 것으로 보인다. 그렇다면 대외보다는 대내적인 문제에 정책의 무게가 실리게 되는 만큼 한국에서도 미국과의 관계를 어떻게 재정립할 것인지 생각해야 한다.

바이든이 추진할 것으로 예상되는 규제, 법인세 인상, 최저임금 인상 등은 기업에 부담이 될 수밖에 없다. 트럼프 대통령은 친기업 성향을 지니고 있었기 때문에 법인세를 인하하며 주식시장에도 긍정적인 영향을 미쳤다. 하지만 바이든 대통령은 법인세 인상을 공약으로 제시하고 있으며, 최저임금 인상 등을 비롯해 불평등 해소 방안을 공약으로 제시하고 있다. 즉 기업의 부담이 늘어날 것으로 예상되는 만큼 리스크가 될 수 있으며, 공화당에서 민주당으로 정부의 성향이 변하기 때문에 이에 따른 변화 역시 주의가 필요하다.

이로 인해 증시에 부정적인 영향을 미칠 것으로 예상했으나 이보다는 리스크 해소에 중점을 두면서 위험자산 선호심리는 강하게 나타나고 있어 증시에도 우호적으로 작용하고 있다. 특히 친환경, 인프라투자 등 시클리컬 산업에 대한 관심이 커지고 있다.

트럼프 대통령의 고립주의에서 다소 벗어난 동맹국과의 협력이 강조될 것으로 보이는 만큼 대외정책에 대한 우려는 다소 완화될 것으로 보인다. 하지만 다시 북한과의 관계가 악화되면서 북한 리스크가 재부각될 수도 있기 때문에 한국 정부에서는 이를 대비하는 것이 필요하다. 지금보다 북한과 미국과의 관계가 더 어려워질 가능성이 높기 때문이다.

여기에 통상적인 측면에서 본다면 중국과의 관계 역시 변하게 될 것이다. 전반적으로 자국우선주의보다는 자유무역주의로 통상전략이 수정될 것이다. 하지만 미국과 중국 간의 갈등이 한번에 해소되기는 어려울 것으로 예상하며, 현재보다는 조금 완화된 정책이 나타날 것으로 보인다. 다만 미국 제품에 대한 우선순위는 여전히 이어질 것으로 보이는 만큼 이는 국내 산업계에도 영향을 미칠 수밖에 없을 것이다.

바이든 대통령의 완화적인 통화정책은 이어질 것이다. 옐런 전 연준 의장을 재무장관에 내정하는 등 완화적 기조를 이어가겠다는 의지를 보였다. 연준에서 의장으로 있었던 만큼 연준과의 의사소통은 활발할 것이며, 긴밀한 협력관계가 형성될 것으로 예상된다. 따라서 통화정책 및 재정정책은 완화적인 기조를 보이면서 점진적으로 서서히 시장에 큰 영향을 미치지 않는 방향으로 진행될 것이다.

이는 증시에 우호적인 요인인 것은 맞지만 무제한적으로 풀린 유동성으로 인해 발생할 수 있는 인플레이션은 여전히 우려스러운 것이 사실이다. 물론 지금과 같은 저물가가 이어질 수도 있지만 기저효과 등을 반영한다면 인플레이션이 나타날 가능성이 더 높다. 따라서 이를 어떻게 현명하게 대처할 것인지 역시 향후 금융시장에 큰 영향을 미칠 것이다.

대외적인 불확실성이 완화되고 달러약세 흐름이 나타나면서 국내에는 조금 더 긍정적인 영향을 미칠 것이라는 기대가 더 크다. 하지만 변동성은 언제든 커질 수 있고 예상치 못한 변수이기 때문에 리스크가 된다. 지금보다 조금 더 대외적인 환경이 나아지길 기대해본다.

염두에 둘 리스크 3_
인플레이션

완화적인 통화정책 기조가 지속될 것으로 보인다. 따라서 이러한 무제한적인 유동성 공급과 함께 기저효과 등이 반영되면서 인플레이션이 발생할 가능성이 높다. 당장 인플레이션이 나타나지는 않더라도 이를 서서히 준비해야 한다.

코로나19로 인해 더 많은 유동성이 공급되면서 물가상승에 대한 우려가 커지고 있다. 각국 중앙은행과 정부는 직간접적으로 유동성을 공급하고 있어 시중에 유통되는 통화량이 큰 폭으로 증가했다. 특히 본원통화 증가율을 본다면 코로나19 이후 큰 폭으로 증가한 이후 이러한 흐름이 지속되고 있다.

일반적인 이론에 따르면 유동성이 증가할 경우 물가상승으로 연결된다. 하지만 2008년 글로벌 금융위기 이후 저성장, 저물가, 저금리, 즉 3저 시대가 개막되었으며 이러한 흐름이 이어지고 있다. 유동성이 꾸준하게 공급되었음에도 불구하고 물가는 상승하지 않았다. 즉 유동성 공급에도 불구하고 실질적으로 시중에 유통되는 통화량은 제한적이었다는 의미이다.

●

지속된 3저 시대,
인플레이션의 발생 가능성은?

이번에는 이전과 비교했을 때 짧은 시간 안에 더 많은 유동성이 공급된 만큼 인플레이션의 발생 가능성 역시 고려해볼 필요가 있다.

미국의 유동성과 소비자물가

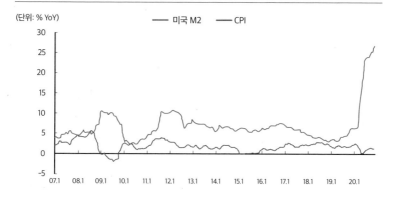

유동성과 소비자물가의 상관계수는 계산해보면 관계가 없는 것으로 해석할 수 있다. 하지만 구간별로 나눠서 보고 펀더멘털을 생각해본다면 유동성이 공급되면 시차를 두고 소비자물가가 상승하게 되며, 과거의 유동성은 직접적인 공급보다는 간접적인 공급이었기 때문에 이러한 결과가 나온 것이기도 하다.

자료: Bloomberg

통화량은 주택 및 주식 등 자산시장의 가격상승으로 나타났고, 경기침체에 대한 우려가 지속되면서 유동성이 실물경제에 공급되기보다는 불안한 심리를 기반으로 자산시장에 집중하게 된 것이다. 유동성이 늘어나면서 화폐가치가 떨어지기 때문에 상승여력이 있는 시장으로 유동성이 유입되었다. 기업의 투자 및 소비자의 소비 진작 등 실물경제로 유동성이 확산되어야 하지만, 여전히 경기둔화에 대한 우려가 지속되고 코로나19 역시 백신과 치료제 개발에 시일이 소요되는 만큼 불안심리가 이어지기 때문이다.

지금도 유동성 공급에도 불구하고 인플레이션은 생각보다 더디게 움직이고 있다. 하지만 유동성이 지속적으로 공급되고 있으며 자

미국의 기대인플레이션과 TIPS

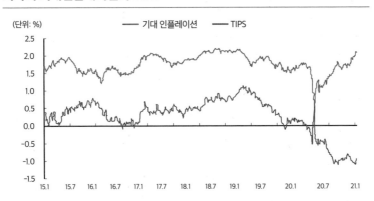

저물가가 지속되고 이에 따라 물가연동채권(TIPS) 역시 큰 폭으로 하락한 상황이다. 하지만 최근 경기개선 기대감이 살아나면서 기대인플레이션이 상승해 TIPS 역시 상승하고 있다. 여전히 리스크가 있는 것은 사실이나 유동성과 기저효과 등을 고려한다면 상승할 것으로 예상한다.

자료: Bloomberg

산가격의 상승에 기반해 물가가 상승하는 스태크플레이션의 가능성이 있는 만큼 우려가 확산되고 있다.

한국뿐 아니라 전 세계적으로 기대인플레이션이 상승하고 있다. 즉 사람들이 향후 물가가 오를 것이라고 예상하는 것이다. 하지만 경기회복과 소비심리가 개선되지 않는 물가의 상승은 자산가격의 상승으로만 이어지기 때문에 버블 등의 부작용에 대한 우려가 커지고 있는 상황이다.

이러한 기대인플레이션 상승은 유동성의 조절로 연결될 수 있기 때문에 경기회복을 더디게 할 수 있다. 물론 유동성을 회수할 경우의 부작용은 각국 정부와 중앙은행이 잘 알고 있기 때문에 이른 시일 내 나타나지는 않겠지만, 일시적으로 물가가 상승하면서 스태그플레이션에 대한 우려가 확산되어 심리적으로 위축시킬 가능성을 염두에 두어야 한다.

●

2021년 주요 이슈 중 하나인 인플레이션

현재 실물과 금융의 괴리가 심화되고 있는 가운데 이러한 흐름은 2021년에도 이어질 가능성이 높다. 여기에 제한적이나 낮은 수준으로 물가가 상승하면서 미칠 수 있는 부작용은 2021년에 주요 이슈가 될 것이다.

한국의 GDP갭과 소비자물가

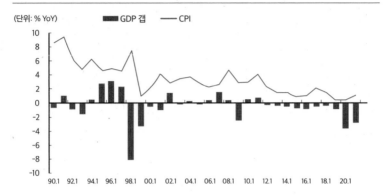

(단위: % YoY)   ■■■ GDP 갭   —— CPI

IMF에서 도출한 GDP갭(실질GDP-잠재GDP)과 소비자물가를 그려보면 유사한 모양임을 알 수 있다. 현재 지속적으로 마이너스 GDP갭을 기록하면서 물가가 상승하기 어려운 환경인 것이 사실이다. 저성장 저물가 시대에서 GDP갭의 마이너스가 소폭 줄어들 것으로 예상하며, 물가 역시 상단이 제한되어 있으나 상승할 것으로 판단한다.

자료: IMF

다시 유럽과 미국 지역을 중심으로 전 세계에서 코로나19의 확산이 나타나고 있는 만큼 2020년 4분기 경기는 다시 일부 위축되었다. 따라서 경기에 대한 우려는 지속될 수밖에 없으며, 심리 회복 역시 더디게 나타날 것으로 예상된다. 코로나19로 인한 위기상황을 어느 정도 인지하고 있기 때문에 유동성이 기업의 투자와 소비로 연결되는 것이 아니라 보유하고 있는 것이다.

안정된 물가는 수요와 공급 측면에서 나타났다. 수요 측면에서는 글로벌 금융위기 이후 실제 GDP가 잠재 GDP보다 낮은 수준을 유지하면서 마이너스 GDP갭율이 지속되었다. 통화가 무제한적으로 공급되는 가운데 시중에 자금이 유통되지 않아 물가는 안정되는 것이다. 공급 측면에서는 중국이 WTO에 가입한 것이 저물가에 기여했다. 낮은 임금 등을 바탕으로 상품을 저렴하게 공급하면서 물가는 안정되었으며, IT의 발달로 인해 생산성이 향상된 것 역시 물가를 안정시켰다. 생산력의 향상은 총공급곡선을 우측으로 이동시키기 때문에 높은 성장률과 낮은 물가로 연결되고, 기술력의 발달로 유통 비용이 저렴해진 것 역시 긍정적인 요인으로 작용했다.

하지만 지금은 무제한적인 통화량이 공급되고 있으며 유례없는 재정정책 역시 뒷받침되고 있다. 이러한 효과로 인해 마이너스 GDP 갭률은 완화될 것으로 보이며, 통화가 돌면서 통화승수도 증가할 가능성이 높아 보인다. '인플레이션은 언제 어디에서나 통화적인 현상이다'라고 언급한 밀튼 프리드먼의 이론이 2021년에는 적용될 것으로 보인다. 특히 연준의 무제한적인 통화공급 및 제로금리 유지 등은 달러약세로 연결될 것으로 판단하기 때문이다.

●

정부에서 용인하는
인플레이션은 어느 정도일까?

정책적으로도 물가상승을 유도할 가능성이 크다. 정부의 지출이 늘어난 만큼 물가상승을 어느 정도 용인한다면 명목 GDP가 증가하면서 GDP 대비 부채비율이 낮아지기 때문에 미 정부에서는 인플레이션을 받아들일 것이다. 연준에서 평균 물가목표제를 도입한 것 역시 어느 정도의 인플레이션을 용인하겠다는 의미이다. 이는 국내의 낮은 물가로 인한 우려를 완화시켜주는 긍정적인 측면도 있다.

하지만 물가가 상승하게 된다면 시중금리는 상승하게 된다. 완만하게 진행된다면 지금과 같이 주가의 상승흐름이 이어지고 경기에 긍정적으로 작용하겠지만, 생각보다 빠르게 물가가 상승할 경우 중앙은행은 기준금리를 인상할 수밖에 없다.

당장 크게 물가가 상승하고 금리가 큰 폭으로 상승하면서 개인들의 부채부담이 늘어날 가능성은 높지 않다. 저금리 기조가 유지되는 가운데 일시적으로 금리가 상승할 수는 있겠지만 긴축정책을 펼치면서 이를 유도하기는 쉽지 않을 것이다.

기대 인플레이션이 높아지는 등 물가가 상승하게 되면 일반적으로는 금리 역시 상승할 것이라는 심리로 인해 달러는 강세를 보인다. 하지만 지금은 풍부한 유동성을 바탕으로 경제가 움직이고 있으며, 이러한 완화적 기조는 지속될 것으로 예상된다. 그렇기 때문에 물가상승에 대한 우려보다는 완화적인 통화정책에 대한 기대감이 달러약세로 연결되고 있다.

하지만 결국에는 과도한 유동성이 만들어낸 버블은 리스크로 작용할 수밖에 없으며 인플레이션은 피할 수 없을 것으로 예상한다. MMT에 따르면 과도한 인플레이션이 없다면 화폐를 무제한적으로 찍어내도 된다고 한다. 지금 저물가 기조가 이어지고 있는 만큼 MMT 이론이 다시 주목을 받고 있지만, 현재의 무제한적인 유동성 공급이 실물 부문에 직접적으로 투입되지 않고, 소비가 아닌 자산시장의 투자로 나타나면서 가격상승이 유도되고 있기 때문에 인플레이션을 피하기 어려울 것으로 판단한다.

이제 인플레이션과 자산시장의 버블을 준비하는 것이 적절해 보인다. 무제한적으로 공급된 달러의 가치가 언제까지나 유지되기는 어렵기 때문이다.

당장 인플레이션 시대가 도래하는 것은 아니겠지만 서서히 인플레이션 시대를 대비하는 것이 필요하며, 기간별로 나눠서 투자전략을 세우는 것이 중요하다. 화폐가치의 하락에 따른 인플레이션 헤지수요 등은 더욱 강해질 것인 만큼, 이는 인플레이션 시대의 대응전략 중 하나가 될 것이다.

무제한적으로 공급된
유동성의 힘

각국 정부와 중앙은행은 글로벌 금융위기 당시 유동성을 공급해 불안한 투자심리를 완화시켰다. 이에 이번 코로나19로 인해 글로벌 경제가 위축되자 무제한적으로 유동성을 공급했으며, 글로벌 금융시장은 유동성의 힘으로 강한 상승세를 보이고 있다.

헬리콥터 머니라고 봐야 한다. 이번 코로나19로 인해 연준을 중심으로 무제한적인 유동성이 공급되었다. 이러한 유동성 공급은 위축된 투자심리를 회복시켜주면서 주식시장의 상승으로 연결되었다. 하지만 과거에 비해 그 규모도 크고 직접적으로 소득을 보전해주는 등 다른 모습을 보이고 있기 때문에 경기개선에 대한 기대감이 이어지고 있는 것은 사실이다.

바이든 대통령이 취임을 하고 옐런 재무장관, 파월 연준 의장까지 비둘기파 성격의 인사들이 미국의 통화 및 재정정책의 키를 쥐게 되었다. 따라서 현재와 같은 통화완화책은 이어질 것이다.

공급된 유동성으로
불안한 심리는 안정

현재 한국의 시중에 풀린 돈이 처음으로 3,000조 원을 상회하고 있으며 이는 다른 국가도 마찬가지다. 무제한적인 공급으로 인해 유동성은 최고치를 연이어 경신하고 있다. 하지만 이러한 공급에도 불구하고 아직까지 실물경기가 회복되는 듯한 모습을 보이지 않고 있다. 그렇기 때문에 유동성 공급에 따른 부작용에 대한 우려의 목소리가 높아지고 있는 것이다.

주요국의 2020년, 2021년 예상 성장률

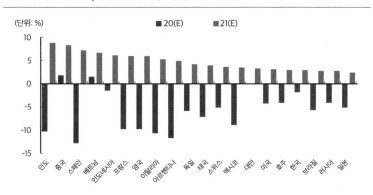

코로나19로 인해 부진했던 2020년 성장률은 기저효과 등을 반영해 2021년에는 양호할 것으로 예상한다. 큰 폭으로 성장이 둔화된 선진국을 비롯해 아시아 국가들의 성장세가 눈에 띌 것으로 보인다.

자료: IMF

어느 때보다도 빠르게 대응을 하면서 극도로 위축된 투자심리는 빠르게 회복되었으며, 지표들 역시 바닥을 찍고 개선되는 모습을 보였다. 주식시장에서 지수들은 전고점을 돌파했으며, PMI도 가파르게 하락한 뒤 가파르게 상승했다. 물론 상승흐름이 꾸준하게 이어지면서 경기둔화에 대한 우려가 온전하게 해소된 것은 아니지만 불안했던 심리는 충분히 안정되었다.

연준에서 빠르게 기준금리를 인하하면서 제로금리를 2023년까지 유지하겠다는 완화적 기조를 발표하고 다양한 정책으로 유동성을 공급했기 때문이다. 독립된 기구이지만 추가적으로 정부에 재정정책이 필요하다고 언급했으며, 미 정부 역시 직접적인 경기부양책

중국의 연도별 부채

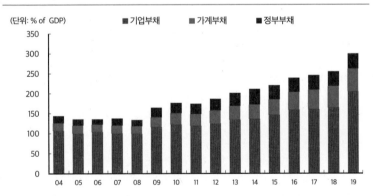

중국의 부채는 꾸준히 증가하는 가운데 기업부채가 총 부채에서 대다수임을 알 수 있다. 특히 2008년 금융위기 이후 증가 속도가 빨라졌으며 기업의 부채비율은 세계에서도 높은 수준이다. 가계 부채와 정부부채 역시 안정적이라고 할 수 없기 때문에 전반적으로 부채관리가 필요한 상태이다.

자료: Bloomberg

을 펼치면서 경기둔화를 방어하고 있다.

미국은 2분기에 큰 폭의 부진 이후 일부 경기가 회복될 것으로 보이나 여전히 코로나19의 확산이 이어지고 있어 회복은 더딜 수밖에 없다. 이에 2020년 성장률은 -5% 전후를 기록할 것으로 예상된다.

하지만 중국의 경우에는 코로나19 영향력에서 가장 먼저 벗어나는 모습이다. 3분기 성장률은 시장의 예상을 만족시키지는 못했으나 경기부양책이 효과적이었다고 평가할 수 있다. 변한 경제 패러다임에 맞춰 내수를 중심으로 한 정책 역시 긍정적이다.

다만 여전히 중국의 부채 문제는 리스크 요인이다. 2018년 이후 중국의 부채가 회색 코뿔소가 될 것이라는 우려가 지속되었고 민간부채가 증가하면서 중국경제가 위기에 빠질 수 있다고 언급해왔기 때문에 중국은 이번 코로나19 사태 발생 당시에 상대적으로 제한적인 완화책을 펼쳤다.

●

상황에 맞게
달라져야 하는 정책

유동성을 공급하는 것이 분명 경기개선에 도움을 준 것은 맞지만 무제한적인 공급만이 답은 아니라는 것이다. 국가별 상황에 맞게 적절하게 추진할 필요가 있다.

한국 역시 미국의 완화적인 정책과 다른 모습을 보였다. 기준금리를 인하하고 환매조건부채권(RP) 매입, 회사채와 CP 매입기구(SPV) 대출, 금융중개지원대출 등을 통해 사실상 양적완화를 실시했다. 하지만 2020년 7월 들어 유동성을 일부 흡수했으며, 늘어난 유동성은 자산시장으로 유입되면서 자산시장과 금융시장의 괴리는 더욱 커졌다. 즉 완화적인 통화정책이 원하는 성과로 연결되지 않았다는 것이다.

국가별로 경제수준도 다르고 주된 화폐도 다른 만큼 미국과 같이 무제한적으로 유동성을 공급할 수는 없다. 유동성을 직접적으로 공급하고 기준금리를 인하하면서 통화정책을 펼쳤으나 신용대출을

한국의 월별 수출과 경기선행지수

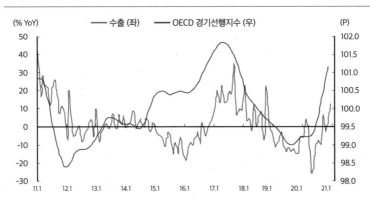

부진하던 한국의 무역은 코로나로 인해 더욱 큰 폭으로 감소한 상황이다. 하지만 감소세는 둔화된 뒤 증가로 전환했으며, OECD 경기선행지수도 상승세를 보이는 등 경기개선에 대한 기대감 역시 이어지고 있다.

자료: 산업통상자원부, Bloomberg

중심으로 한 가계부채가 증가했다. 정부의 규제와 함께 투자수요로 인해 신용대출이 큰 폭으로 증가한 것이다. 경기둔화로 인해 저금리 기조는 이어질 수밖에 없는 상황인 가운데 실효하한까지 내려간 만큼 통화정책은 한계에 부딪힌 것이다.

그렇기 때문에 이에 따른 부작용 역시 고려할 수밖에 없다. 경기가 회복되는 모습을 보인다면 소폭이나마 금리를 인상하면서 대응할 수 있겠지만 글로벌 경기의 둔화가 나타나고 이에 따른 교역량 감소에 따른 수출부진도 이어지기 때문이다. 부진한 수출이 일부 회복하는 모습을 보이고 있어 이는 긍정적이지만, 중장기적으로 본다면 회복세가 이어질 것이라고 판단하기에는 이른 시점이다.

●

유동성에도 불구하고, 지속성에 대한 의문은 여전해

풍부한 유동성이 기업의 투자로 연결되고 투자가 활성화되면서 고용시장도 살아나고 소비 역시 회복하는 선순환 구조가 나타나야 하지만, 여전히 경기둔화에 대한 우려가 지속되고 있기 때문에 회복에는 시일이 걸릴 것으로 예상된다.

IMF는 코로나19 이후 각국의 재정지출 규모가 커져 이에 대한 경고 메시지를 담은 보고서를 발표했다. 여기에 풍부한 유동성에도 불구하고 주식시장에서도 일부 섹터에 대해서는 공매도가 늘어나는 등 리스크가 나타났다.

적극적인 유동성 공급 정책으로 인해 2021년 경기는 생각보다 양호할 가능성이 있지만 이러한 흐름이 지속적으로 이어질 것인지가 관건이라 할 수 있다. 여기에 무제한적인 통화공급으로 인해 투자심리가 살아나고 경기가 일부 회복되는 모습을 보이자 MMT에 대한 관심 역시 더욱 높아진 상황이다. 더욱 화폐를 찍어내서 경기를 살려야 한다는 MMT와 재정적자가 기하급수적으로 늘어나면서 발생할 수 있는 리스크를 고려해야 한다는 주류 경제학자의 대립이 팽팽하게 이어지고 있다.

현재 상황에서는 어떤 정책이 더 타당할지 알 수 없다. 단기적으로는 무제한적인 유동성의 힘이 강하게 작용하면서 투자심리에 긍정적이지만 지속되기는 어려울 것이다. 경기가 온전하게 회복될 때까지 완화적인 기조는 이어져야 하는데 과거 글로벌 금융위기에도 경험했듯이 출구전략을 함부로 언급하기는 쉽지 않다. MMT가 맞다면 특히 출구전략은 존재하지 않게 된다.

코로나19의 지속적인 확산으로 인해 다시 경기둔화에 대한 우려가 커지고 있다. 현재 다소 유동성 공급이 줄어들었지만, 독감과 겹치면서 코로나19가 큰 폭으로 재확산된다면 유동성은 다시 무제한적으로 공급될 것이다.

찍어내는 화폐만이 능사는 아니다. MMT를 모든 국가에 적용할 수는 없다. 그리고 기하급수적으로 늘어난 국가의 빚, 그리고 유동성에 따른 자산시장의 가격상승 역시 언제까지나 용인될 수 있는 수준은 아니다.

분명 재정적자가 큰 폭으로 늘어나면 한계에 봉착할 수밖에 없는 것이다. 전 세계가 빚에 허덕일 때도 무제한적으로 화폐를 공급할 수 있을까? 화폐의 가치는 점차 휴지조각에 가까워질 것이다. 당장 무제한적인 유동성으로 인해 쌓이고 있는 버블이 터지지는 않겠지만 유동성은 분명 조절되어야 하며, 더 큰 리스크를 방지하기 위해서라도 이후의 전략을 고심해야 한다.

유동성의 함정에 빠져 아무리 돈을 풀어도 경기침체에서 쉽게 벗어나지 못하고 일본과 같이 전 세계가 장기불황의 늪에서 허우적거릴 수 있다. 새로운 경제 패러다임 속에서 또 하나의 고민이 필요한 시점이다. 투자자 입장에서의 고민은 아니지만 무제한적인 양적완화가 아닌 새로운 정책에 대한 고민이 필요하다. 투자자는 시중에 풀린 유동성을 어떻게 잘 활용할 것인지, 인플레이션 시대에 대응할 수 있는 것은 무엇일지 신중하게 생각해야 한다.

변화된 시대에 대응하기 위해서는 투자자도 똑똑하게 전략을 세워야 한다. 예측하는 것은 어렵지만 빠르게 변화하는 시대에 발맞추는 것은 충분히 가능한 만큼 기초가 탄탄한 투자자, 현명한 투자자가 되길 바란다.

리스크 속에서의
변동성 극대화

코로나19가 계절의 영향을 받으면서 확산되고 있다. 이에 대한 리스크가 지속되고 있음에도 긍정적인 시각이 시장에 우호적으로 작용하고 있다. 하지만 안심할 수 있는 상황은 아니며, 언제든 리스크에 따라 변동성이 확대될 수 있음을 염두에 둬야 한다.

앞으로 어떤 방향을 가지고 경제가 발전할 것인지, 사회가 또 급속도로 변할지는 누구도 알 수 없다. 다만 우리가 접하고 있는 사회의 변화와 정보를 가지고 대응을 하는 것이다.

2020년은 코로나19가 좌지우지한 해였다. 확진자 수가 다소 둔화되는 듯한 모습을 보이면서 유동성을 기반으로 경기가 살아나는 모습을 보였다. 하지만 2020년 8월 중순부터 확진자가 늘어나면서 2차 확산에 대한 우려가 커지기 시작했으며 다시 봉쇄조치가 이루어지고 있다.

2020년을 지배한 코로나19

코로나19가 야기한 리스크 속에서 유동성이 자산가격의 상승을 유도하고 있다. 하지만 실물경기는 회복되지 않는 등 자산시장과 실물경기의 괴리가 커지면서 변동성 역시 커진 모습이다. 일반적으로 완만하게 주식시장이 상승흐름을 보인다면 변동성은 완화되면서 변동성지수는 낮아진다. 하지만 지금은 이와는 다르다. 여전히 불안심리가 자리잡고 있기 때문이다. 언제든 주식시장의 상승흐름이 꺾일 수 있는 상황이다.

KOSPI와 VKOSPI

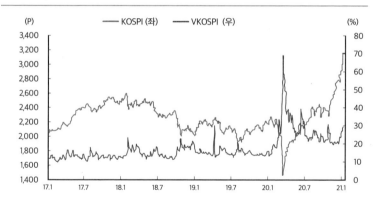

KOSPI의 변동성지수는 VKOSPI로 불리며, 높아지면 불안심리로 인해 지수가 하락한다는 것으로 판단할 수 있다. 최근 지수가 가파르게 상승한 이후 등락을 보이면서 변동성지수도 다시 상승하고 있다. 리스크가 상존하고 있으며 지수 레벨이 높아진 만큼 언제든 변동성은 확대될 수 있다.

자료: Bloomberg

미국대선에 대한 불확실성이 컸으나 이제는 종료되면서 관련된 리스크는 완화되었다. 바이든 후보가 당선되면서 결과에 대한 불확실성 해소가 증시에 긍정적으로 작용했다.

대선을 앞두고 양당은 미국의 추가부양책을 둘러싼 이견을 이어가면서 대선 이후로 부양책 통과를 미뤘었다. 대선에 어떠한 방향이 유리한지를 계산했기 때문이다. 이제는 바이든 대통령이 코로나19로 인해 위축된 미국경제를 어떻게 살릴 것인지를 잘 지켜봐야 할 시점이다.

당이 변한 미국대선의 결과에 따라 전반적인 정책은 변할 것이다. 한국의 경우 미국의 대외정책에 따라 영향을 많이 받을 수밖에 없기 때문에 미국대선 결과 역시 리스크 요인으로 작용하는 것이다. 이에 따라 주식시장에서도 대응방안이 달라지게 되는 만큼 당장은 불확실성 완화로 긍정적으로 작용하지만 정책방향에 따라 변동성 요인이 될 수 있음을 고려해야 한다.

2020년 가장 큰 리스크였던 코로나19의 확산을 방지하고자 코로나 백신 및 치료제가 개발되고 있으나 이에 따른 기대감에도 불구하고 효과가 나타나기까지는 상당한 시일이 소요될 것으로 보인다. 백신의 품질에 대한 의구심은 이어지고 있으며, 관련된 이슈에 따라 투자심리 역시 변하고 있다.

코로나19로 인해 사회의 변화가 가속화되는 가운데 실체가 모호했던 4차 산업혁명은 코로나 이후 시대(AC: After Corona)에 온전하게 자리잡으면서 급속도로 성장할 것으로 예상된다. 기대감이 반영되면서 관련된 4차 산업 기업의 주가가 큰 폭으로 상승했다. 유동성이 풍부한 만큼 기대감이 주가상승으로 연결된 것이다.

실적이 뒷받침된다면 향후의 성장 가능성이 실적으로 반영되고 있는 만큼 상승흐름을 보이겠지만, 단순하게 기대감만으로 주가가 상승했다면 결국 옥석가리기가 시작되어 케즘에 빠진 기업과 그렇지 않은 기업으로 나눠질 수밖에 없다. 이는 관련된 산업뿐 아니라 전체 주식시장의 변동성 요인으로 작용해 버블이 꺼지는 하나의 계기가 될 수 있는 것이다.

●
주의해야 할
리스크는?

지금은 상존하고 있는 리스크 속에서도 유동성 장세가 나타나고 있지만 과거와 비슷한 패턴이 형성되면서 변동성이 확대될 가능성이 크다. 아직은 유동성 장세가 이어질 것으로 보이지만 향후 버블이 꺼지면서 변동성지수의 상승과 함께 주식시장은 큰 폭으로 조정을 보일 가능성이 높다.

지금의 시장이 닷컴버블과 비슷한 모습을 보이고 있으나 유동성에 의한 상승 이후 실적장세로 연결될 것인지는 시간이 지나야 확인할 수 있다. 리스크가 지속되는 가운데 완화되기 쉽지 않은 환경 속에서 유동성에만 의존하고 있는 만큼 다소 보수적인 관점이 적절

닷컴버블 당시의 지수

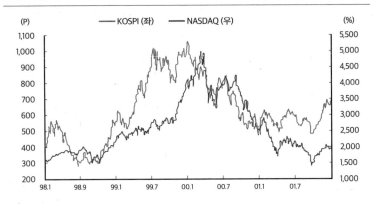

동아시아의 외환위기 이후 유동성이 공급되면서 지수는 가파르게 상승했다. 2000년 밀레니엄 버그 등으로 인해 관련된 종목들을 중심으로 가파르게 상승했으나 기대감만으로 상승했던 기업들의 주가가 큰 폭으로 하락하는 등 닷컴버블이 붕괴되면서 지수는 가파르게 하락했다.

자료: Bloomberg

해보인다.

개별이슈에 따라 주식시장의 움직임이 결정되고 불안한 투자심리가 지속되는 만큼 리스크가 부각될 경우 변동성은 확대될 것이다. 지수의 상승을 주도해온 성장주의 조정이 이어진다면 분명 주식시장의 조정은 피할 수 없기 때문에 눈을 뗄 수 없다. 닷컴버블 때와 너무나 유사하기 때문이다.

하지만 긍정적인 측면은 분명히 존재한다. 코로나19 이후 산업의 패러다임이 변하면서 4차 산업의 성장이 두드러지고 있으며, 향후에도 이러한 언택트 산업 성장은 거스를 수 없는 흐름이다. 이는 주식시장에 긍정적으로 반영될 수밖에 없다. 이에 이러한 기대감이 반영되는 종목 및 산업의 주가가 가파르게 상승하면서 지수상승을 이끌고 있다.

최근 한국의 증시흐름에서 중요한 것은 수급의 변화이다. 개인의 영향력이 극대화된 가운데 공매도의 제한조치가 연장되었다. 이에 풍부한 유동성은 주식시장으로 적극적으로 유입된 것이며, 펀더멘털보다 센티멘트에 좌우되는 경향이 더욱 강해졌다. 그렇기 때문에 리스크가 부각될 경우 더욱 변동성은 확대될 수 있는 상황이다.

상승흐름을 보이던 시장이 유동성에 의존하는 경향이 다소 완화되고 있다. 앞으로 발생할 수 있는 리스크가 크기 때문이다. 유동성이 풍부한 만큼 개인의 적극적인 매수로 지수가 상승할 수도 있지만 이제는 유동성 투입도 어느 정도 한계가 있는 것으로 보이며, 알 수 없는 리스크를 대응하고자 하는 신중한 심리도 강해지고 있다. 이제는 지수 레벨도 낮지 않기 때문이다.

대외적인 리스크와 함께 대주주 요건 강화, 공모주에 대한 실망감 등도 개인의 비중이 줄어드는 요인으로 작용하고 있다. 한국뿐 아니라 다른 국가에서도 개인의 적극적인 매수가 지수상승을 주도한 가운데 이제는 매수세가 약해지고 있다. 더욱 중요한 시점이 된 것이다.

대주주 양도소득세의 기준은 다행히 강화되지 않는 것으로 결정되었으나 개인이 시장의 상승을 주도했던 만큼 기준을 충족하는 투자자는 늘어날 것이다. 과거에도 매년 12월 개인은 순매도했으며, 특히 대주주 요건이 강화될 때는 더욱 순매도 규모가 커졌다. 따라서 배당을 노리는 것보다는 절세를 택할 가능성이 더 높아 2021년 말에는 더욱 매도 규모가 커질 것으로 보인다. 여기에 대기하고 있는 리스크들을 고려해본다면 수급은 크게 위축되면서 변동성이 확대될 가능성은 크다.

이러한 리스크 요인을 생각했을 때 개별종목을 중심으로 주식시장에 대응하는 것이 적절하며, 자산시장 내에서 효과적으로 분산투자를 하는 것이 수익률을 지키는 방법이 될 것이다. 어차피 유동성은 시장에 풍부한 만큼 유동성이 어디로 흘러갈 것인지를 고민해야 하는 것이다.

리스크가 확대될 때에는 주식투자를 잠시 쉬는 것도 필요하다. 위험자산은 리스크를 헤지하는 것이 어렵기 때문이다. 리스크에 따라 변동성이 커지고 이후에도 변동성이 높은 수준에서 유지되지는 않는다. 분명 변동성은 높아지더라도 다시 완화된다. 다시 위험자산에 대한 선호심리가 커지고 제한적이긴 하나 기저효과가 발생하면서 경기에 대한 기대감이 살아날 때 유동성을 기반으로 한 시장의 상승흐름은 이어질 것으로 보인다.

유동성의 긍정적인 측면과 함께 우려 역시 지속되고 있는 상황이다. 2021년에도 유동성은 지속적으로 공급될 것으로 보이지만 기대처럼 경기가 회복하는 모습을 보인다면 긴축에 대한 논의가 나타날 수밖에 없을 것이다. 물론 당장 유동성이 회수되지는 않겠지만 이러한 논의가 나타난다는 것부터 리스크가 될 수 있다. 그리고 무제한적인 유동성 역시 언제까지나 이어질 수는 없는 것이다. 헤어질 때 잘 헤어지는 것 역시 필요하다.

4장

유동성의 버블,
그 끝은?

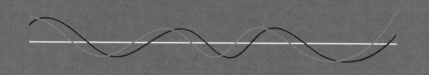

유동성의 버블에
지금은 올라탈 때

코로나19 발생으로 무제한적인 유동성이 공급되고 있다. 이러한 유동성은 불안한 투자심리를 빠르게 완화시켰으며, 가파르게 하락한 지수의 상승으로 연결되어 사상 최고치를 경신했다. 여기에 경기개선에 대한 기대감이 이어지고 있는 만큼 레벨에 대한 부담이 있음에도 불구하고 지금은 유동성을 즐겨야 한다.

과거와 비교해본다면 시장의 유동성이 지금과 같이 풍부했던 적은 없다. 경험에 의해 양적완화의 장단점을 이미 알고 있는 만큼 2020년은 어느 때보다도 적극적으로 정책을 펼쳤던 한 해였다. 국가별로 차이는 있겠지만 완화적인 기조가 강해졌다.

  그렇기 때문에 투자자의 입장에서는 이를 활용하는 것이 성공적인 투자로 연결될 수 있는 것이다. 물론 경기둔화에 대한 우려가 이어지고 있으며, 코로나19 이전의 경제수준을 회복하기가 쉽지 않다. 하지만 유동성으로 인한 자산가격의 상승이 나타나고 있는 만큼 이를 잘 활용해야 한다.

직접적으로 공급된
유동성

시장에 유동성이 공급되면 일반적으로는 화폐가 실물경제에 공급되고 기업의 투자 활성화, 소비증가 및 이에 따른 물가상승으로 연결되는 구조이다. 하지만 지금은 3저 시대(저금리, 저물가, 저성장)로 유동성에도 불구하고 시중에 유동성이 직접적으로 공급되지 않았다.

하지만 지금은 코로나19가 실물경제에 타격을 미치면서 정부는 소득을 보전해주는 등 직접적으로 유동성을 공급했다. 이에 단기적이지만 소비가 회복하는 모습을 보였으며, 위축된 심리가 개선되면서 자산시장의 가격상승으로 연결되었다.

유동성은 부침이 있을 수 있겠지만 쉽게 회수되기 어려울 것으로 보인다. 글로벌 금융위기 이후에도 지속적으로 유동성은 공급되었다. 하지만 경제 패러다임이 변한 것과 함께 유동성이 실물경제로 유입되지 않았다. 이 때문에 기대했던 효과가 나타나지 않았던 것이다.

양극화가 더욱 커지게 되면 경제 전반적인 한계소비성향이 낮아지기 때문에 경기에도 긍정적일 수 없다. 그렇다 보니 이론경제와 실물경제의 괴리가 발생하고 소비가 크게 증가하지 않는 것이다.

유동성이 유입되는 곳은
자산시장

지금도 실물경제에 유입되는 유동성이 제한적인 것은 마찬가지인 상황이다. 코로나19의 확산이 지속되는 가운데 유동성에만 의존하는 것도 한계가 있는 것은 맞다.

하지만 이 유동성이 유입될 수 있는 시장을 냉정하게 투자자 입장에서 본다면 답은 '자산시장'이다. 자산시장의 버블이 나타나는 것은 맞지만 이후에 발생할 수 있는 리스크를 지금부터 고민하면서 대응하지 않는 것은 올바르지 않다고 판단한다.

리스크를 어느 정도 즐길 수 있어야 투자에 대한 수익률이 보장받을 수 있기 때문이다. 유동성의 공급으로 화폐가치가 떨어지고 있음을 체감하고 있다. 우스갯소리로 '월급은 오르지 않는데 다른 모든 것은 다 상승한다'고 한다.

그래서 코로나19로 인해 주식시장이 큰 폭으로 하락했을 때 MZ세대가 주식시장에 뛰어들면서 대규모 매수세가 이어진 것이다. 과거에 비해 풍부한 정보들을 활용해 공부를 하면서 똑똑한 투자를 한 경우가 많다. 주식시장에서 어느 정도의 시드를 모은 뒤 이 자금을 기반으로 1주택자가 되겠다는 전략으로 접근하는 경우가 대다수이다.

사회 초년생이 가진 시드는 한정적인 가운데 자산가격의 상승

씨티 매크로 리스크 인덱스

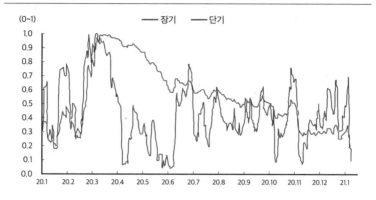

코로나19가 발생하면서 장단기 리스크 인덱스는 크게 상승했다. 단기 리스크는 변동성이 큰 가운데 장기 리스크는 코로나19 확산에도 불구하고 경기개선에 대한 기대감이 반영되면서 서서히 레벨이 낮아지고 있다.

자료: Bloomberg

으로 인해 내가 편하게 머무를 수 있는 집 한 채를 마련하는 것은 과거보다 훨씬 더 어려워졌기 때문이다. 그래서 더욱 손쉽게 주식 시장에 발을 담그게 되는 것이며, 일부 무분별한 투자가 나타나기도 한다.

기술의 발전으로 전 세계의 상황을 실시간으로 접할 수 있기 때문에 불확실성이 커지고 있는 상황이며, 이를 적극적으로 활용하다 보니 정보의 비대칭 역시 일정 부분 완화되었다. 물론 상승장에서는 투자 수익률이 좋을 수밖에 없고 투자 원칙이 뚜렷하지 않아도 수익률을 얻게 된다.

하지만 이제는 유동성 장세 속에서도 리스크로 인해 변동성이

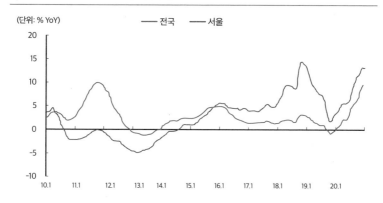

전국 및 서울의 아파트 가격 변화

(단위: % YoY)

—— 전국　—— 서울

전국 및 서울의 아파트 가격은 가파른 상승흐름을 이어가고 있다. 특히 서울은 2018년 강하게 상승한 이후 상승세가 다소 둔화되었다가 상승세가 강해진 상황이며, 전국 아파트 가격 역시 이러한 흐름과 비슷하게 나타나고 있다.

자료: KB부동산

확대되는 구간인 만큼 엇갈린 모습이 나타날 가능성이 높다. 그래서 이후에도 꾸준한 수익률을 얻기 위해서는 공부를 할 필요가 있는 것이다.

유동성이 지속적으로 공급되고 있고 이로 인해 주식시장은 꾸준하게 상승했다. 여기에 부동산시장도 상승이 이어지고 있으며, 오히려 코로나19 전보다도 상황이 좋아졌다. 한국의 경우에는 정부의 규제가 연이어 발표되고 대출한도가 축소되는 가운데 거래량이 다소 줄었지만 꾸준하게 상승흐름을 이어가고 있다. 즉 자산가격은 상승세인 것이다.

그렇기 때문에 투자자의 입장에서는 포트폴리오를 다변화하되, 이러한 유동성의 버블을 즐기는 것이 필요하다. 변동성이 어느 때보다도 커진 것에 대한 우려가 큰 것이 사실이다. 하지만 무조건적인 상승을 생각하는 전략보다는 리스크가 존재한다는 것을 알고 유동성의 버블을 즐기는 것이 현재로서는 적절한 전략이다.

과거의 유동성은 어떤 특징을 보였을까?

과거 위기가 왔을 때 완화적인 통화정책, 즉 금리를 인하하면서 공포심리를 완화시켰다. 이에 유동성은 주식시장으로 유입되어 강하게 상승하는 모습을 보였다. 이번에도 코로나19로 인해 글로벌 유동성이 공급되고 국내에서도 금리를 인하하면서 불안심리가 완화되었다.

유동성 장세가 이어지는 가운데 과거에 유동성은 어떠한 모습을 보였는지 그에 따라 주식시장의 변화는 어떻게 나타났는지를 복기해 볼 필요가 있다. 위기 이후에 나타났던 유동성 장세가 지금의 상황과 비슷한 만큼 IMF와 글로벌 금융위기 시대를 보는 것이 적절해 보인다.

첫 번째는 1999년이다. IMF 위환위기를 극복하기 위해서 정부는 98년 중반부터 자금을 대규모로 공급하기 시작했으며, 기준금리 역시 인하하면서 한 자리수가 되었다. 이러한 유동성 공급으로 인해 경기가 안정을 되찾으면서 유동성은 주식시장으로 유입되었다. 가파르게 지수는 상승했으며 닷컴버블과 같이 나타났기 때문에 그 상승폭은 더욱 컸다.

코스닥의 활성화를 위해 정부는 거래세 인하를 검토했으며, 벤처기업을 키우기 위해 자금을 적극적으로 투입하고 상장을 유도했다. 뚜렷하게 가진 기술 없이 아이디어와 그에 따른 기대감으로 상장한 기업들이 대다수였으며, 결국 실적이 뒷받침되지 않는 만큼 거품이 한순간에 꺼지면서 주가는 회복할 수 없는 상황이 되었다.

두 번째는 글로벌 금융위기 당시이다. 금융위기 전엔 미국에서는 9·11테러, 닷컴버블 등으로 인해 대내외적으로 경기불황이 가속화되었다. 이에 연준에서는 기준금리를 인하하면서 유동성을 공급

IMF 이후 급격하게 상승했던 KOSPI, KOSDAQ

IMF 위기를 겪으면서 정부의 완화적인 정책으로 인해 자본이 빠르게 주식시장으로 유입되어 가파른 상승흐름을 보였다. 하지만 이후 IT 버블로 인해 큰 폭으로 하락하게 되었다(코스닥지수는 2004년 기준지수를 100에서 1000으로 10배 상향한 기준을 적용한 수치임).

자료: Bloomberg

해줬다. 하지만 주식시장에 대한 신뢰도가 떨어진 만큼 시장의 관심은 주식시장이 아닌 주택시장으로 옮겨간 것이다. 이에 미국에서는 가파르게 주택가격이 상승했고, 대출한도를 서브 프라임 등급까지 확대하게 되었다.

주택가격의 상승이 이어지고 경기가 회복되는 모습을 보이자 이러한 유동성은 주식시장에도 유입되면서 자산가격의 상승으로 연결되었다. 신흥국에서는 중국경제의 성장에 힘입어 풍부한 유동성이 신흥국으로 유입되는 모습이었다. 이에 신흥국 주식시장은 강하게 상승했으며, 한국에서는 2006~2007년 펀드 열풍이 강하게 불었다.

하지만 가격상승이 지속될 수는 없는 것이며 이자부담을 이기지 못하고 개인들이 주택을 매도하고자 했으나 팔리지 않으면서 금융기관의 부담으로 나타난 것이다. 이러한 미국 내에서의 금융위기는 전 세계로 확산되었으며 고공행진을 보이던 지수 역시 큰 폭으로 하락하게 되었다.

●

과거 유동성이 공급된 때의
모습은 어땠을까?

닷컴버블 때와 지금 다른 것은 그래도 기업들의 실체가 있었다는 것이다. 일부 회사들의 미래는 여전히 불확실하지만 과거에는 대다수

글로벌 금융위기 전후의 KOSPI, KOSDAQ

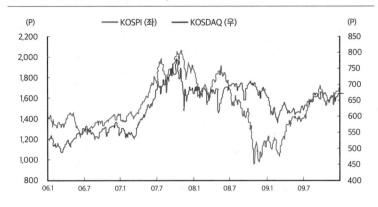

경기가 회복하는 모습을 보이면서 유동성이 유입되어 지수의 상승이 나타났다. 하지만 이러한 유동성은 결국 글로벌 금융위기로 연결되었으며, 이는 글로벌 증시의 하락을 이끌었다.

자료: Bloomberg

가 그랬다면 지금은 그러한 기업이 일부라는 것이다. 즉 케즘에 빠지면서 옥석 가리기가 진행될 것이다. 그러므로 무차별적인 기대감으로 투자할 것이 아니라 기업에 대해 공부를 하고 그 산업에 대해서도 성장성을 파악한 뒤에 투자를 해야 한다. 닷컴버블과 비슷한 것을 바이오 산업으로 보기도 한다. 특히 이번 코로나19 사태로 인해 관련된 기업의 가파른 상승이 나타나기도 했다. 산업의 분류가 바이오라는 이유로 실적의 뒷받침 없이 상승한 기업도 존재한다. 하지만 과거와 마찬가지로 기대감을 충족시킬 수 있는 기술, 그리고 이에 따른 실적이 뒤따라 나와야 할 것이다.

결국 유동성으로 인한 긍정적인 효과가 있는 것은 사실이지만 유동성으로 인해 과도하게 그리고 빠르게 가격이 상승하는 것은 탈

글로벌 금융위기 이후 KOSPI와 S&P500 비교

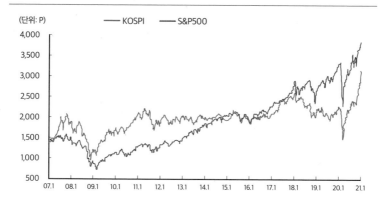

큰 폭으로 지수가 하락한 뒤 유동성이 공급되면서 지수는 상승흐름을 보였다. 하지만 이러한 유동성으로 S&P500은 꾸준하게 상승했으나 KOSPI는 상승 이후 박스권의 움직임이 나타나면서 유동성 효과가 나타나지 않았다. 유동성 이후에 실적개선과 같은 펀더멘털 개선이 필요하다는 의미이다. 코로나19 이후 글로벌 증시의 상승세는 가파르게 나타났으며, 특히 KOSPI는 연이어 전고점을 경신하며 3000선을 상회했다.

자료: Bloomberg

이 날 수밖에 없게 된다. 경제의 패러다임이 변한다 하더라도 과거의 경험을 무시할 수 없는 것이다.

　국내 주식시장은 글로벌 금융위기 이후 미국과는 다르게 박스권의 움직임을 이어갔다. 유동성으로 인해 미국 주식시장은 완만하게 상승흐름을 보였으나 국내는 차별화된 모습이었다. 미국의 경기회복에 대한 기대감이 이어지는 가운데 중국경기의 경착륙에 대한 우려가 지속되면서 상쇄했기 때문이다. 이에 따라 국내 기업들의 실적 역시 뚜렷하게 개선되는 모습이 나타나지 않으면서 지루한 흐름이 이어졌던 것이다.

이제 필요한 것은
펀더멘털의 개선

유동성이 공급되는 시장이라 하더라도 국내에 직접적으로 영향을 미치는지에 따라 다른 모습을 보였다. 유동성으로 인한 유동성 장세 이후 실적 장세가 뒷받침되는 순환이 나타나야 주식시장의 상승흐름이 지속될 수 있다. 즉 펀더멘털의 개선신호가 필요하다는 것이다.

그러므로 과거 사례들을 통해 본다면 유동성 공급으로 인한 긍정적인 효과가 있는 것은 사실이다. 하지만 이후 상승흐름이 이어지기 쉽지 않음을 확인했다. 리스크가 발생하면서 유동성을 공급했으나 또다른 리스크가 발생하거나 경기개선에 대한 우려가 지속되었기 때문이다.

이번 코로나19로 인해 풍부하게 유동성이 공급되면서 큰 폭으로 하락했던 주식시장은 빠르게 회복했다. 하지만 이후에는 레벨에 대한 부담, 향후 경기개선에 대한 불확실성, 기업의 실적에 대한 우려 등 대내적인 리스크와 함께 대외적인 리스크가 상존하고 있는 만큼 이를 고려해야 한다.

유동성이 어느 때보다 풍부한 만큼 유동성 장세가 당분간 이어지겠지만 과거 사례에 미뤄본다면 유동성 버블은 꺼질 가능성이 높으며 그 규모가 어느 때보다 크기 때문에 이에 대한 준비를 조금씩 해야 된다. 경제 패러다임의 변화와 함께 가파르게 상승한 만큼 유동성 장세는 짧게 이어지고 가파르게 다시 하락할 수 있기 때문이다.

특히 과거와는 다르게 개인을 중심으로 한 매수세가 지수의 상승을 유도했으며, 외국인은 꾸준하게 순매도로 대응했다. 미국대선에서 바이든 전 부통령이 당선되면서 외국인이 매수하고 있으나 리스크가 발생한다면 지수상승을 이끌던 개인이 순매도로 전환하며 더욱 빠르게 지수에 하락 압력을 가할 수 있는 것이다.

물론 MMT에 근거한다면 유동성은 지속적으로 공급될 것이고, 물가가 크게 상승하지 않는다면 경기개선이 나타날 것이라고 주장할 수 있다. MMT가 현재의 경제 상황에 잘 맞는 이론이 될지, 아니면 잠시 스쳐 지나가는 포퓰리즘에 기반한 일종의 정책으로 간주될 것인지는 알 수 없다. 다만 MMT에 주목을 하는 것은 직접적으로 유동성을 공급해주는 만큼 한계소비성향과 양극화를 일부 해소할 수 있는 부의 재분배를 유도할 수 있는 가장 좋은 수단이기 때문이다.

돌고 도는 유동성 속에서 과거 경험에 비춰봤을 때 우리가 잊어서는 안 되는 것이 있다. 버블인 것은 맞으며 이러한 버블이 언제까지 이어질지는 모른다. 그리고 주식시장에서 영원한 것은 없다는 것이다.

그러므로 현명한 투자자가 되기 위해서는 자신이 잘 아는 분야에 투자해야 하며 과감하게 투자를 정리할 수도 있어야 한다. 워런 버핏의 투자 철학 가운데 '다른 사람들이 욕심을 부릴 때 신중하라'는 문구가 있다.

리스크로 인해 변동성은 확대되고 경계심리가 강해지고 있는 것은 맞지만 여전히 유동성이 지속되고 있는 만큼 이에 기반한 상승 흐름은 다시 나타날 가능성이 높다. 그렇다면 2020년 초와 같이 유동성이 대규모로 유입될 수 있는 것이다. 유동성의 버블을 즐기는 가운데 이후의 전략을 대비하고 과감하게 행동할 필요가 있다.

유동성 버블은
언제 어떤 방식으로 터질까?

유동성의 공급은 투자심리에 긍정적인 영향을 미친 것이 사실이다. 하지만 이러한 유동성
이 지속적으로 공급되는 것은 분명한 한계가 있으며, 유동성으로 인해 상승한 자산시장의
버블 역시 발생하고 있는 만큼 추후에 터질 버블에 대한 리스크는 지속될 수밖에 없다.

현재의 무제한적인 유동성 공급은 향후 어떤 방식으로 경제에 영향
을 미칠지 관심이 집중되고 있다. 자산시장의 가격상승으로 작용한
가운데 실물경기의 회복은 아직 더디기 때문이다. 정부에서는 한계
소비성향을 개선시키고 빈부격차를 완화하기 위해 직접적으로 유동
성을 공급하는 전략을 내세우고 있으나 아직까지는 기대하는 효과
가 나타나지 않고 있다. 그렇기 때문에 쌓여가는 과잉 유동성에 따
른 우려가 지속적으로 논의되고 있는 것이다.

민스키 모멘트란
무엇인가?

이와 함께 민스키 모멘트라는 이론에 대해 관심도가 높아지고 있다. 민스키 모멘트란 미국의 경제학자인 하이먼 민스키가 주장한 이론으로, 유동성 공급을 기반으로 과도하게 누적되던 부채로 시장의 호황이 이어지다가 호황이 끝나면 채무자의 상환 능력이 나빠지면서 채무자가 건전한 자산까지 매도해 부채를 갚고 이로 인해 금융 시스템이 붕괴되면서 금융위기가 발생한다는 내용이다.

2008년 미국발 글로벌 금융위기의 발생으로 인해 갑자기 자산 시장이 붕괴되었으며, 이는 전 세계의 리스크 요인으로 작용하면서 민스키 모멘트가 주목을 받게 되었다.

과도한 부채를 만들어 투자하면서 금융시장의 규모가 확대되고 자산가격의 상승으로 연결되는 호황기를 보인다. 하지만 실물경제와의 괴리가 나타나는 가운데 기대를 하회하는 수익률로 인해 부채 상환에 대한 우려가 커지는 것이다. 이러한 현상이 발생하면 채무자는 자산을 매각하기 시작해 부채를 상환하면서 자산가격은 하락하고 금융 시스템에 대한 붕괴 우려가 확산되면서 글로벌 금융위기까지 야기했다.

대표적인 예가 2007년 벌어졌던 서브프라임 모기지 사태이다. 금융시장에는 불안정성이 내재된 가운데 투자자들은 비합리적인 심

한국의 분기별 가계부채

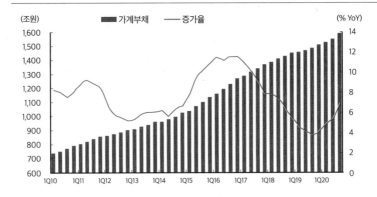

한국의 가계부채는 지속적으로 늘어나면서 문제가 되고 있다. 정부의 규제로 인해 다소 둔화되는 듯 했으나 다시 증가속도가 늘어나고 있는 상황이다. 저금리 기조가 이어지고 있어 대출에 대한 부담이 낮은 상황이나 금리가 다시 올라간다면 더 큰 문제가 될 수 있기에 관리가 필요하다.

자료: 한국은행 경제통계시스템

리와 기대로 좌우되면서 자산가격의 거품과 붕괴가 주가적으로 나타난다는 의미이다.

자산시장이 상승흐름을 보이면 주식시장에서는 신용물량이 증가하며, 부동산시장에서는 최대한의 부채를 이용해 매수하는 등 패닉바잉 현상이 나타나게 된다.

한국의 경우 정부의 강력한 규제로 인해 가계부채가 제한적이기는 하지만 지속적으로 늘어나는 유동성에 기반해 감당할 수 없을 정도의 부채로 투자를 하게 될 경우 지속적으로 성공적인 투자 수익률만을 얻을 수 있는 것은 아니다.

결국 버블은
터질 수밖에 없다

주식시장에서는 기업 가치를 수치로 나타낼 수 있기 때문에 적정한 수준을 도출할 수 있으며 밸류에이션이라는 가치평가 기법을 이용하게 된다. 밸류에이션 고평가에 대한 논란이 이어지며, 펀더멘털이 뒷받침되지 않는다면 결국에는 하락할 수밖에 없는 것이다. 부동산 시장은 이와는 조금 다르지만 낮은 금리 수준에서 금리가 조금이라도 인상되면 부채에 대한 부담이 늘어나고 채무자들의 부담이 커지

미국의 경기침체 확률

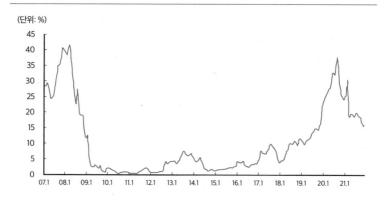

(단위: %)

코로나19의 확산으로 인해 크게 상승했던 미국의 경기침체 확률은 무제한적인 양적완화를 공급하면서 불안심리가 완화되어 추세적으로 하락하는 모습이다. 계절적인 요인으로 2차 확산이 나타나고 있다. 불안한 모습은 다소 완화되었다.

자료: Bloomberg

기 때문에 매물이 급격하게 늘어나면서 하락하게 된다.

결국 모든 버블은 터질 수밖에 없는 것이다. 패러다임의 변화에 따라 이번에는 다를 것이라고 주장하지만 지금까지 역사는 한 번도 예외를 보여준 적이 없다. 그렇기에 버블의 붕괴 이후를 준비해야 한다. 서서히 그러한 신호는 나타날 것이다. 그러한 신호를 우리가 인지한 뒤에는 늦을 수 있기 때문에 준비가 필요하다.

경기에 대한 불안심리가 지속되고 있는 가운데 자산과 실물 가격의 디커플링이 이어지고 있으며 유동성에만 의존하고 있기 때문에 과거의 경험에 비춰본다면 자산가격의 가파른 상승은 리스크가

버핏지수: GDP 대비 시가총액 비율

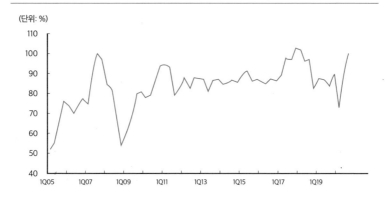

(단위: %)

명목 GDP(계절조정) 대비 KOSPI와 KOSDAQ 시가총액을 합한 값의 비율로 일명 버핏지수라고 한다. 3분기까지만 포함되어 있어 약 100%인 것으로 나오나 최근 지수가 가파르게 상승하면서 사상 최고치를 경신한 만큼 이 비율 역시 더욱 높아졌을 것이다. 단순하게 버핏지수로만 보면 과열 국면에 접어든 것으로 볼 수 있다.

자료: 한국은행 경제통계시스템, Check Expert

될 수밖에 없다. 정책들의 정상화까지는 시일이 소요될 수밖에 없으나 부작용을 최소화할 수 있는 정책이 필요하다.

하지만 현 상황에서 완화적인 통화정책을 지속적으로 유지할 수밖에 없으며 연착륙이나 경착륙과 같은 긴축정책에 대한 언급만 되더라도 분명히 자산시장의 가격 하락으로 연결될 가능성이 높다. 그렇기에 정책 당국자들의 고민도 깊어질 것이다.

경기의 장기 침체에 대한 우려도 커지고 있기 때문에 대기성 성격을 가진 자금이 늘어나고 있으며 공모주에 대한 관심이 어느 때보다 뜨거웠던 것이 사실이다. 이를 반증하는 것이 GDP 대비 시가총액의 비율이 단기적 부담을 느낄 수 있는 수준까지 상승했다. 산적되어 있는 리스크로 인해 지수의 움직임이 제한적인 상황이고 이에 따라 관망세가 강해진 가운데 레벨에 대한 부담이 이어질 수밖에 없는 것이 현재의 모습이다.

●
서서히 커지고 있는
리스크

당장 리스크가 부각되면서 시가총액 비율이 큰 폭으로 하락할 가능성은 낮으나 리스크가 부각되면서 변동성이 커질 수 있는 수준인 것은 맞다. 단기적으로 주가지수 레벨에 대한 판단을 내릴 수 있는 하나의 지표이다.

이후 기업의 실적개선이 뒷받침되어야 경제가 성장하고 유동성 장세에서 실적 장세로 넘어가면서 완만한 상승흐름을 보일 테지만, 앞에서 여러 번 언급한 것처럼 펀더멘털의 개선에는 상당한 시일이 소요될 것으로 전망한다. 대내외적인 리스크가 상존하고 있어 투자심리 역시 흔들리고 있으며 코로나19로 인한 영향력이 다시 커지고 있다. 경기가 회복되는 모습을 보여야 투자심리가 안정되겠지만 사실 쉽지 않다는 것을 누구나 다 공감하고 있다.

정책을 펼치기 위해서는 누가 주도권을 쥐게 되는지가 중요하다. 리스크가 확대되면서 경기침체가 나타나는 중요한 시점에서 코로나19는 재확산되면서 불안한 모습을 보이고 있다.

당장은 유동성에 따른 버블이 터지지는 않겠지만 쌓여가는 부채를 생각해본다면 무제한적으로 공급되는 유동성은 분명 시장의 가장 큰 리스크가 될 것이다. 은행을 비롯한 금융기관은 장기적으로 부채관리를 강화하는 방향으로 움직일 수밖에 없으며 신용등급이 낮은 계층부터 하나씩 과도한 부채로 인한 파산과 부도로 연결될 수 있다.

특히 부채가 증가하는 속도가 가파르다는 것에 유의할 필요가 있다. 이는 국내뿐 아니라 미국에서도 GDP 대비 부채비율이 높은 수준이며, 특히 중국 기업의 부채비율은 한계를 넘어섰다고 표현할 수 있다. 이에 중국 정부에서는 2021년부터 경제가 안정을 찾으면서 리스크를 방지할 수 있는 데 힘을 쏟겠다고 언급한 상황이다. 즉 완화적인 정책으로 인해 큰 폭으로 확대된 부채상황을 조정하면서 디레버리징에 나서겠다는 방침을 드러낸 것이다. 부채관리에 적극적으로 나서는 것은 건강한 환경을 유도하는 것인 만큼 긍정적이다. 하지만 여전히 경기에 대한 불안요인이 있는 만큼 유연하게 대처하지 않는다면 오히려 그 후폭풍은 빨리 나타날 수 있다.

전 세계에서 규모가 큰 국가 가운데 부채가 가장 문제인 나라는 중국이다. 특히 가계부채는 대부분 부동산 투자와 관련이 있으며 금융자산의 부채비율이 높아 유동성 리스크 역시 존재한다. 지방 정부의 과도한 경쟁, 국영기업에 대한 특혜, 그림자 금융 역시 문제이다.

유동성을 한꺼번에 회수하는 일은 발생하지 않을 것이다. 다만 코로나19로 인한 영향력이 다소 완화될 때 이후를 중앙은행은 서서히 준비해야 할 것이다. 그렇게 되면 유동성이 회수되면서 신흥국의 구조적인 문제가 부각되어 신흥국 리스크가 확산되며 버블은 급속도로 꺼지게 될 것이다.

국내 중소기업의 자금난은 심각한 상황이다. 코로나19 사태가 장기화되면서 부채를 줄일 수 있는 여력이 없는 한계기업이 급증하고 있다. 한계기업은 영업이익을 이자비용으로 나눈 이자보상배율이 3년 연속 1 미만을 기록한 기업이다. 즉 한 해 수입으로 은행에서 빌린 돈의 이자조차 갚지 못하는 상황이 3년 연속 이어지고 있다는 것이다.

기준금리의 인하, 이자상환 유예 등의 정책으로 기업의 부담을 낮춘 것이지만 한계기업은 지난해와 비교했을 때 큰 폭으로 늘었으며, 이러한 흐름은 이어질 가능성이 높다. 각 국에서 파산을 방지하기 위해 다양한 정책을 펼쳤으나 재정적인 부담은 커졌으며, 부실 기업 증가를 막는 것이 사실상 어렵다는 것이다.

이렇게 하나씩 신호가 나타나면서 버블은 꺼질 수밖에 없다. 정확한 시기를 예측하는 것은 어렵지만 버블이 언젠가는 꺼진다는 것을 알고 있기 때문에 적절한 전략을 미리 준비해야 한다.

마지막 버블을 즐기며 이후를 준비한다면?

유동성으로 인한 경기흐름이 지속되기는 어렵다는 것을 다들 알고 있다. 유동성 장세 이후 실적 장세가 나타나면 지수의 상승이 이어지고 경기의 회복이 나타나는 것이다. 하지만 글로벌 경기는 일시적인 회복 국면이 나타난 뒤 버블에 대한 부작용이 클 것으로 예상되는 만큼 그 이후를 하나씩 준비해야 한다.

과거에 버블이 꺼진 뒤 이전의 경제 상황을 회복했는지 살펴본다면 그렇지 않음을 알 수 있다. 그래서 버블이 나타나더라도 정부는 버블을 관리하기 위해 정책을 펼치는 것이다.

지금은 유동성이 뒷받침되는 만큼 경기가 다시 위축되더라도 일정 부분 회복하는 모습을 보일 것이다. 하지만 지속적으로 버블이 유지되는 것은 쉬운 일이 아니며, 그에 따른 부작용을 어떻게 감당할 것인지가 관건이다.

다음 정권에 미루고 이후의 세대로 미루는 임시방편적인 방식으로 대응해서는 안 된다. 지금의 경기둔화를 방어하기 위해서는 양적완화가 가장 적절한 정책인 것은 맞다. 하지만 그로 인한 부작용을 준비해야 하는 것이다.

●

버블에
대처하는 정부

경착륙이 나타난다면 개방도가 높은 한국에서는 자본유출이 급속도로 진행되면서 외환보유고의 감소로 인한 부작용이 나타날 수 있어 한국은행 역시 완화적인 정책을 이어갈 수밖에 없다. 하지만 과도하게 공급된 유동성으로 인해 자산가격의 상승은 나타나고 있으며, 화폐가치가 하락하고 있다.

특히 부동산 가격의 안정을 위해 정부에서 다양한 대책을 제시하고 있으나 유동성과 연관된 만큼 안정이 쉽지 않다. 따라서 이러한 자산가격의 상승은 부의 불평등을 더욱 심화시키는 것인 만큼 경제에 부담이 될 수밖에 없다. 투기목적의 구매와 함께 실수요자의 패닉바잉도 나타난 만큼 금리가 다시 인상되어 자산가격의 버블이 붕괴될 때 그 위기는 더욱 크게 나타날 수 있다.

연준에서는 2023년까지 제로금리를 유지하겠다는 입장을 밝힌 가운데 바이든 대통령은 공약으로 연준의 독립성을 유지해줄 것이라고 언급했다. 이후 재무장관에 옐런 전 연준의장을 지명하는 등 완화적인 통화정책은 지속될 것으로 판단한다.

현재 정책수단이 제약되어 있다는 것이 버블붕괴 이후 대응할 수 있는 정책 여력이 제한적이긴 하다. 코로나19의 사태가 장기화되는 것은 피할 수 없기 때문에 경기를 안정화시키기 위해서는 정책 여력이 있어야 한다. 현재 한국은행의 기준금리가 0.5%인 만큼 추가적으로 인하할 수 있는 여력은 있다. 추가적으로 인하한다는 것이 부담스러운 수준이기는 하나 최악보다는 차악을 선택해야 하기 때문이다.

다만 추가적으로 금리를 인하한다면 자산가격의 버블은 더욱 확대될 것이며, 그렇기 때문에 한국은행의 태도는 더욱 더 신중한 상황이다. 그래서 재정정책을 중심으로 대응할 수밖에 없는 것이다.

IMF의 코로나19에 대한 시나리오 분석

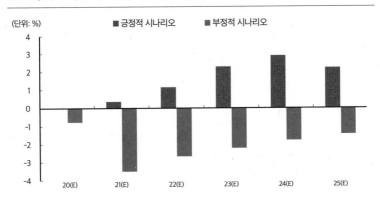

IMF는 10월 보고서에서 코로나19 확산에 대해 두 가지 시나리오로 나눠서 분석했다. 각국 정부의 봉쇄조치가 잘 되는 경우와 봉쇄가 더욱 어려운 경우로 나눠 긍정적, 부정적 시나리오로 구분했다. 정부의 대책이 제대로 작동하지 않을 경우 글로벌 성장률은 부진이 이어질 것으로 예상된다.

자료: IMF, World Economic Outlook(20. 10)

다행히 아직 한국은 재정정책을 펼칠 수 있다. 하지만 장기화된다면 재정건전성이 문제가 부각될 수 있다. 최근 완화적인 정책을 펼치면서 한국뿐 아니라 국가별로 재정적자의 문제가 하나씩 노출되고 있기 때문이다.

여기에 코로나19로 인한 국경 봉쇄가 지속되고 한국의 경우 수출 비중이 높은 만큼 이에 따른 부정적인 영향을 받을 수밖에 없었다. 점차 수출보다는 내수를 중심으로 경제 패러다임이 변하고 있는 만큼 이 역시 부정적 요인이기 때문이다. 무역 의존도가 높은 경제의 구조상 미국과 중국의 갈등이 부각되었을 때 주식시장에도 악재로 작용했다.

코로나19로 인해 각종 경제지표는 부진한 모습을 보이고 있고 리스크가 확산되면서 회복되는 듯한 모습을 보이던 글로벌 경제 전망에 찬물을 끼얹었다. 코로나19가 수면 아래 있던 뇌관을 건드렸다고 보는 것이 타당하며, 코로나19는 하나의 버블을 터뜨릴 수 있는 트리거임에는 분명하다.

●

생각보다 버블의 후폭풍은 클 것이다

버블은 더욱 가파르게 쌓이면서 실물경기와 자산시장과의 괴리가 커질 것이며, 숨겨져 있던 리스크가 버블과 함께 터지면서 생각보다 큰 경제위기를 맞이할 가능성이 높아 보인다.

점차 빈부격차에 대한 우려가 커지는 가운데 자본주의의 한계와 함께 코로나19로 인해 경제의 패러다임이 변하는 계기가 되었다. 이에 따라 경기의 진폭은 더욱 좁아지고 빈부격차는 더욱 커질 것으로 예상한다. 새로운 경제 패러다임에 맞는 정책이 필요한 것은 사실이나 무제한적인 유동성을 공급하는 등 기존의 정책을 유지해 미래로 그 부작용을 미루고 있는 것이다.

매도 빨리 맞는 것이 나을 수 있다. 오히려 점차 유동성이 커지면서 나타날 후폭풍은 우리가 생각하는 그 이상으로 다가올 가능성이 크기 때문이다.

경제적인 문제와 함께 각자 도생을 위한 길로 국가정책이 나타날 수 있다. 세계화는 다시 반세계화로 수출중심이 아닌 내수중심의 정책이 더욱 강해질 것이다. 이는 단기적으로 각 국가의 경제가 안정화되는 측면이 있겠지만 결국 오히려 글로벌 경제에 독이 되며 혼란은 가중될 것으로 보인다. 그렇기 때문에 위기에 대비해야 하며 산재되었던 리스크까지 터지면서 우리가 인지하고 난 뒤에 대응하는 것은 늦을 것이다.

지금은 유동성의 버블을 즐기는 것이 맞지만 서서히 안전자산에 대한 비중을 늘리는 등 포트폴리오의 다변화를 꾀하는 것이 중요하다. 주식시장의 레벨 역시 높아진 가운데 기업의 실적이 이를 뒷받침하지 않는다면 개별 장세가 더욱 강해질 것이기 때문이다. 위험자산에 대한 비중은 소폭 줄이지만 안전자산과 현금에 대한 비중을 서서히 늘리면서 대응하는 것이 필요하다.

변동성이 더욱 커진 가운데 흐름 역시 더욱 빠르게 변하고 있다. 따라서 그 방향성을 예측하기가 어려워진 가운데 예측을 통한 투자보다는 대응이 더욱 중요하다. 리스크에 대해 인지를 하고 순응하는 것이 리스크를 헤지하는 똑똑한 전략이 될 것이다.

위기가 찾아오면 우왕좌왕하겠지만 그 위기를 기회로 맞이할 수 있어야 똑똑한 투자자가 될 수 있다. 위기를 준비한다면 준비한 만큼 수익률을 얻을 것이며, 위기를 준비하지 못한다면 다시 빈부격차는 벌어질 것이다.

앞으로 주식시장은 어떻게 움직일까?

시장이 가파르게 상승한 만큼 추가상승에 대한 의문이 커지고 있다. 바이든 대통령의 당선 역시 대선 불확실성의 제거로 시장에 호재로 작용했다. 그렇다면 이러한 흐름은 지속될까? 코로나19의 재확산이라는 리스크에도 지수상승은 추가적으로 이어질 수 있을까? 어떤 요인들이 시장 방향성에 영향을 미칠 수 있을지 짚고 넘어가야 한다.

풍부한 유동성을 바탕으로 자산시장의 가격상승은 이어지고 있다. 바이든 대통령 당선으로 한 번 더 가파르게 상승하며 사상 최고치를 연이어 경신했으나 코로나19의 재확산과 레벨에 대한 부담으로 가파른 상승흐름은 다소 둔화된 상황이다.

부진한 펀더멘털에도 불구하고 주식시장은 상승하면서 코로나19로 인해 큰 폭으로 하락했던 2020년 3월의 지수 하락폭을 모두 만회했다. 무제한적인 유동성이 공급되고 완화적인 정책에 대한 기대감이 지속되면서 지수 레벨이 크게 낮아지자 수급이 유입되면서 상승한 것이다.

가파른 상승에 따른
레벨 부담

가파르게 상승한 뒤 레벨에 대한 부담이 느껴지는 시점이다. 추가적으로 호재가 있거나 기업실적의 개선 등이 나타난다면 다시 지수는 퀀텀 점프를 할 수 있다. 하지만 지금은 유동성이 중심이 되어 상승한 대표적인 유동성 장세이며 펀더멘털에 대한 불안감은 여전하다.

미국대선 결과에 대한 불확실성이 지속되는 가운데 당선자에 따른 리스크가 상존하고 있어 쉽게 시장이 움직이지 않았다. 대선

2020년 주요국 증시 흐름

코로나19로 인해 큰 폭으로 하락했던 증시는 유동성 공급으로 인해 빠르게 하락폭을 만회했으며 꾸준하게 상승했다. 여기에 미국대선에서 바이든 전 부통령이 당선되면서 상승폭은 확대되었다.

자료: Bloomberg

에서 바이든 후보가 당선되고 불확실성이 완화되면서 지수는 가파르게 상승하고 있다. 여기에 유동성으로 인해 상승흐름은 이어갈 것으로 예상한다. 다만 코로나19의 영향이 장기화되고 이에 따라 변동성은 더욱 커질 가능성이 높은 만큼 주식시장에 대한 대응은 2020년과는 달라져야 한다.

시가총액이 점차 늘어나는 가운데 앞에서 언급한 것과 같이 GDP 대비 시가총액 비중은 거의 사상 최고치에 근접했다. 지수가 3000선을 상회하면서 한 단계 레벨이 높아진 만큼 추가적으로 상승할 수도 있겠지만 경기가 개선되는 속도를 고려해본다면 추가적인 상승 가능성이 있으나 2021년 하반기로 갈수록 조정 가능성에 좀더 무게를 둬야 하는 것이다.

2021년은 기저효과로 인해 지표의 개선이 나타날 것이다. 하지만 실질적인 개선이 아닌 만큼 여전히 불안한 심리는 이어질 것이고, 따라서 종목 장세가 강해질 가능성이 높다. 유동성이 유입될 수 있는 시장은 한계가 있기 때문에 여전히 양호한 주식시장과 함께 부동산시장을 중심으로 한 자산시장은 유동성이 풍부할 것이다.

경제적인 측면에서도 불확실성이 지속되는 가운데 정치적인 리스크 역시 이어질 것으로 보인다. 영국과 EU는 브렉시트 협상을 지속해 결국 영국은 2020년 12월 31일 밤 11시를 기점으로 EU를 탈퇴했다. 하지만 현실화된 브렉시트가 불러올 파장은 하나씩 부각될 수 있다. EU 국가들 사이에서 사실상 국경 없이 제공되던 서비스가 많고, 이용자 역시 많았기 때문이다. 그로 인한 불편함 및 파장을 고려할 필요가 있다.

미국에서의 정치적 리스크 역시 존재한다. 그렇기 때문에 누가 대통령으로 당선되는지는 미국뿐 아니라 전 세계의 관심사였던 것이다. 코로나19에 집중된 관심을 바이든 대통령이 어떻게 해결해 갈 것인지 지켜볼 필요가 있다. 경기회복에 대한 기대가 상존하는 가운데 어떠한 정책을 펼치면서 경기흐름이 어떻게 될 것인지 관심사가 집중되고 있다.

코로나19가 야기한 사회 패러다임의 변화는 우리가 예상한 것보다 그 범위와 속도가 더 빠르다. 사회의 변화를 수용하는 자세가 변했으며, 그 속도 역시 빨라졌다. 이를 주식시장에 적용해본다면 주도주의 변화 역시 더욱 가파르게 나타날 것이다.

최근에 투자자 연령대가 다양해진 가운데 MZ세대의 적극적인 매수가 지수상승을 주도했다. 즉 MZ세대의 투자성향 및 생각을 파악해야 한다는 것이다. 다만 코로나19 이후 성장주를 중심으로 한 4차 산업 관련 산업이 가파르게 상승한 만큼 이러한 상승흐름은 다소 둔화될 수 있다. 하지만 성장주를 제외하고는 변화된 경제 패러다임을 적용할 수 없다.

이전에 비해 성장주의 비중을 일부 줄일 수는 있지만 가치주만으로 포트폴리오를 구성하는 것은 위험이 크다. 여기에 산업별로 회복하는 속도가 크게 차이가 날 것으로 보이는 만큼 이 역시 투자 아이디어로 접근해야 한다.

4차 산업 관련 섹터에 대한
관심은 지속

단기적으로 지수의 하락은 나타날 수 있다. 하지만 이후에는 유동성으로 인한 상승세가 지속될 것으로 보이는 만큼 투자자들은 유동성을 활용한 시장의 흐름을 적절하게 이용해야 한다. 2020년은 코로나19로 인해 4차 산업 혁명의 실체가 드러나게 되었으며 성장하고 있다는 것을 몸소 체감했다. 이에 관련된 종목의 강한 상승세가 나타났던 것이다.

코로나19로 인해 온라인을 중심으로 한 산업은 성장 흐름이 지속될 것으로 보이며, 사회적 거리두기가 이어지면서 직접적인 영향을 받는 산업은 부진한 실적흐름이 이어질 것이다. 4차 산업과 관련된 언택트 종목군들의 강한 주가상승의 흐름은 다소 완화될 수 있으나 여전히 관심산업으로 분류해야 한다. 특히 단기적으로 조정이 나타난다면 회복할 때 주목받을 수 있는 업종, 성장 가능성이 뚜렷하게 보이는 업종을 중심으로 빠르게 하락폭을 만회할 것으로 예상되기 때문이다.

유동성 공급에 따른 물가상승 역시 주목할 필요가 있다. MMT에 따르면 물가상승은 제한될 수 있지만 현재 서서히 물가상승의 흐름이 나타나고 있으며, 기저효과 등을 고려했을 때 상품 가격의 상승세가 두드러질 수 있다. 코로나19의 백신 및 치료제 개발에 힘이 실

시가총액 상위 10개 기업의 변화

순위	2000년 시가총액 상위 기업	2010년 시가총액 상위 기업	2020년 시가총액 상위 기업
1	삼성전자	삼성전자	삼성전자
2	SK텔레콤	POSCO	SK하이닉스
3	KT	현대차	LG화학
4	한국전력	한국조선해양	삼성바이오로직스
5	POSCO	현대모비스	셀트리온
6	KT&G	LG화학	NAVER
7	기아차	신한지주	삼성SDI
8	현대차	KB금융	현대차
9	삼성전기	삼성생명	카카오
10	삼성증권	기아차	삼성물산

시대의 변화에 따라 유가증권시장에서도 시가총액 상위종목들의 변화가 달라졌음을 확인할 수 있다. 전통적인 산업의 대표 종목 대신 지금은 언택트와 관련된 기업, 산업구조의 변화에 빠르게 대응한 기업이 시가총액 상위에 자리잡고 있는 등 산업구조의 변화가 여실히 드러나고 있다.

자료: 한국거래소

리고 있는 가운데 예상보다 빠르게 고품질의 백신이 개발된다면 사람들의 수요 욕구는 커지게 될 것이다.

하지만 공급망의 변화를 고려해본다면 공급이 수요를 충족시킬 수 있을지가 문제이다. 경기둔화로 인해 제조업의 위축이 나타나고 있으며, 코로나19가 재확산되면서 이는 더욱 강해졌다. 특히 소규모 기업에게는 코로나19가 치명적인 피해를 입힌 가운데 이러한 부정적 영향은 2021년에도 이어질 것으로 보이기 때문이다.

물가상승은 연준에서도 예상하는 바이다. 이로 인해 평균물가목표제를 도입했으나 이보다 더 물가가 크게 상승할 경우 상승을 주도한 대형 기술주의 상승흐름에는 제동이 걸릴 것이지만 순환매 측면에서 본다면 소외받았던 가치주에 일시적이지만 상승 요인으로 작용할 것으로 예상된다.

따라서 인플레이션이 발생할 때 수혜를 받을 수 있는 에너지, 철강금속 등 상품 관련 섹터, 바이든 정부의 정책 및 산업구조의 변화에 따라 상승세를 보이고 있는 자동차·화학 등의 업종, 인플레이션 및 금리인상에 따라 실적개선이 예상될 수 있는 금융업종(하반기 이후) 역시 2021년에는 관심을 둬야 하는 산업군이 될 것이다. 성장주로 분류할 수 있는 기업의 상승세가 이어질 것으로 판단한다.

주식시장의 방향성을 예측하는 것은 예상치 못한 리스크가 발생하는 만큼 쉽지 않다. 하지만 분명 리스크가 발생할 수 있다는 것을 정보를 통해서 예상할 수 있다.

분명 유동성이 풍부한 만큼 주식시장에 우호적인 것은 사실이나 국내시장만을 본다면 신흥국 시장이라는 사실은 변함이 없다. 즉 유동성으로 인해 주식시장의 상승흐름이 이어진다면, 확실한 수익률을 얻을 수 있는 미국 중심의 선진국 시장에 투자할 것이다. 그 틈새를 노려 미국의 성장주와 함께 달러약세 영향을 고려해 한국 중심의 아시아 국가에서도 산업을 선별해 투자해야 한다.

유동성 속에서도 리스크가 지속되고 있으며 2021년에는 이러한 리스크가 더욱 확산될 것으로 판단한다. 따라서 주식시장만이 수익률을 얻을 수 있는 것은 아니며 주식시장에서도 업종별·종목별로 엇갈린 모습이 나타나면서 변동성은 더욱 커질 것이다.

2021년은 어려운 한 해가 되겠지만 조급한 마음보다는 차분하게 대응하면서 투자를 한다면 충분히 양호한 수익률을 얻을 수 있다. 그러므로 리스크를 헤지할 수 있는 주식투자 전략을 권하며, 버블 붕괴 이후의 시대를 준비할 수 있는 힘 역시 기를 수 있게 될 것이다.

포트의 다변화, 무게가 실리는 안전자산

코로나19의 추가 확산에도 불구하고 위험자산 선호심리는 지속되고 있다. 주식시장에서의 지수 레벨에 대한 부담 역시 커지고 있는 것은 사실이다. 당장 이로 인한 조정이 나타나는 것보다는 경기개선 기대감이 시장에 우호적으로 작용하고 있다. 하지만 2021년 상반기가 지나면서부터는 펀더멘털에 더욱 관심을 가져야 하며, 안전자산의 비중 역시 리스크 확산에 대비해 늘려야 한다.

2020년 초반부터 글로벌 경제 및 금융시장에 부정적인 요인으로 작용했던 코로나19는 다시 확산되고 있다. 유럽에서는 국가별로 일일 평균 2만 명 이상 신규 확진자가 발생하고 있다.

스페인에서는 실제 코로나19 확진자가 300만 명을 상회할 것이라는 정부 측의 발표도 있었으며, 이탈리아 역시 2020년 2월 이후 최대 규모의 신규 확진자가 발생하는 등 유럽의 재확산이 가속화되고 있다.

이에 추가 방역조처에 대한 목소리가 높아지고 전국적인 수준의 봉쇄조처를 시행해야 한다는 주장 역시 강해지고 있다. 하지만 이전의 봉쇄조처로 인해 경기가 크게 둔화되면서 2분기 주요국가의 GDP가 큰 폭으로 감소했기 때문에 각국 정부에서는 전국적 봉쇄를 고려하지 않고 있는 상황이다.

봉쇄조처로 인해 코로나19의 확산 속도는 다소 완화되었으나 그로 인한 경제적 피해는 쉽게 복구하기 어려운 정도이기 때문이다. 특히 서비스업을 중심으로 실업자수가 크게 늘어났으며, 소비 역시 위축되면서 내수경기가 크게 둔화되었다. 이는 다시 제조업의 부진으로 연결되면서 부진한 경기는 피할 수 없었다.

현재와 같은 속도로 코로나19의 확산이 나타날 경우 각국 정부는 봉쇄조처를 다시 취할 수밖에 없으며, 소폭이나마 회복했던 경제는 다시 크게 위축될 것이다. 무제한적인 유동성을 공급하고 직접적으로 소득을 보전해주는 방법을 택했던 정부에게는 또 다시 위기가 발생하는 것이다.

급속도로 늘어난 재정적자는 또 한 번 늘어날 것이며, 시중의 유동성은 다시 한 번 가파르게 증가하게 된다. 이에 따른 리스크는 점차 불안요인으로 작용하게 될 것이다.

계절적인 요인, 백신 접종의 확산으로 코로나19 확산세는 다소 완화될 것으로 예상한다. 확산세가 완화된 이후 다시 경제활동이 정상화될 경우 그에 따른 긍정적인 측면도 있지만 부정적인 측면, 즉 리스크 역시 염두에 둬야 한다.

따라서 단순하게 유동성으로 인해 자산시장의 상승흐름이 이어지는 것보다는 향후 유동성으로 인한 버블이 꺼지게 될 때를 준비해야 하는 시기이다. 그래서 위험자산에 대한 비중은 어느 정도로 유지하되 안전자산의 비중과 함께 현금 역시 비중을 가지는 포트폴리오의 다변화를 만들어야 한다.

●
포트폴리오의
다변화를 준비할 때

앞에서 언급했듯이 주식시장은 풍부한 유동성이 우호적인 요인이다. 하지만 유동성만으로 주식시장이 상승하는 것은 분명 한계가 있을 수밖에 없다. 유동성 장세 이후에 실적 장세가 뒤따라와야 진정한 상승장이라 할 수 있지만 실적개선에는 여전히 의문 부호가 붙는다. 그렇기 때문에 포트의 다변화가 필요하고, 안전자산에 대한 비중을 높여야 한다.

코로나19가 확산되면서 리스크가 커지자 금 가격이 가파르게 상승했다. 안전자산에 대한 선호가 높아졌기 때문이다. 여기에 무제한적인 통화 공급이 나타나면서 달러의 가치가 하락한 것도 금에 대한 선호도를 높이는 요인으로 작용했다.

1차 세계대전을 떠올려보면 독일에서 무제한적인 화폐를 공급하면서 하이퍼인플레이션이 나타났다. 그때와 지금의 상황은 크게 차이가 있지만 무제한적인 유동성 공급은 인플레이션으로 연결될 것이라는 것은 예상할 수 있다. MMT 주장대로라면 무제한적인 통화 공급으로 경기를 되살려야 한다고 하지만 지금의 유동성 공급으로 인해 자산시장은 버블이 나타났고 실물경제의 회복은 여전히 더디다는 것이다.

2008년 글로벌 금융위기 당시 도입한 양적완화와는 다소 차이가 있는 직접적인 통화공급이나 인플레이션을 어느 정도 용인하겠다는 연준의 입장인 것이다. 즉 이른 시일 내 발생한 인플레이션이 크게 나타나지 않는다면 이를 받아들이되 고용을 중심으로 한 정책을 펼치겠다는 의미로 받아들일 수 있다.

그렇다면 우리는 인플레이션을 대비해야 하며 코로나19로 인해 잠재된 리스크가 확산될 수 있음을 고려해야 한다. 따라서 원자재, 현금 등에 대한 관심이 지속적으로 커지고 있다.

금 가격이 가파르게 상승한 만큼 레벨에 대한 부담이 있는 것은 사실이다. 하지만 리스크 속에서 이를 방어할 수 있는 대표적인 안전자산은 금이기 때문에 투자자의 관심에 따라 금 가격은 상승했던 것이다. 금리가 상승하면서 상대적으로 금에 대한 선호도가 낮아진 것은 사실이나 중장기적인 흐름으로 본다면 보유하는 것이 나쁘지는 않다. 달러약세흐름은 이어질 것이기 때문이다.

무제한적인 유동성 공급 역시 달러약세로 연결되면서 원자재 가격의 상승으로 연결되고 있다. 금뿐만 아니라 구리, 니켈 등 산업용 광물의 상승흐름도 보이고 있으며 글로벌 주요국 가운데 가장 양호한 중국 경기의 회복 기대감 역시 원자재 가격의 상승으로 나타나고 있다.

경기개선 기대감으로 상승하는 원자재

큰 변화가 없거나 소폭의 하락흐름을 보이던 원자재는 코로나19로 큰 폭으로 하락한 뒤 경기개선 기대감 등이 반영되면서 가파르게 상승하고 있다. 인프라 투자 등의 기대감 역시 영향을 미치고 있는 만큼 상승흐름은 이어질 것으로 예상한다.

자료: Bloomberg

일반적으로 물가상승에 대한 기대가 높아지면 달러는 강세를 보이는 것이 보통이다. 하지만 연준은 완화적 기조를 당분간 유지하겠다고 언급했으며, 평균 물가목표제를 도입한 것을 통해 유추한다면 통화완화 기조를 유지하겠다는 것이다. 따라서 기대 물가상승률이 높아지는 가운데 달러는 약세흐름을 이어가고 있다.

여기에 코로나19 백신이 2021년에 상용화된다면 원자재에 대한 수요는 더욱 커질 것이다. 따라서 원자재에 대한 관심이 필요하며, 여러 방안을 고려해봤을 때 앞으로 더욱 그 가치가 높아질 것으로 보인다.

유동성으로 인해 달러가치의 하락이 이어지고 코로나19의 확산이 장기화된다면 미국뿐 아니라 다른 국가에서도 지금보다 더 유동성을 공급하게 된다. 그렇게 된다면 대부분의 통화가 약세를 보일 수밖에 없으며, 통화의 가치는 상대적인 것임을 고려해볼 때 가장 마지막에 문제가 되는 것은 역시 기축통화인 달러가 될 것이다.

달러가 약세를 보이고 신흥국 통화가 상대적인 강세를 보여 위안화와 원화가 이에 연동되어 강세를 보이고 있다. 경기부양에 대한 기대감과 완화적인 통화정책 기조, 바이든 전 부통령의 당선 등이 맞물리고 있기 때문이다.

코로나19 이후 내수를 중심으로 한 경제 정책이 강해지는 가운데 중국에서도 내수중심의 전략을 제시하고 있다. 이를 위해서 금융시장을 개방하며 해외자본 유치를 꾀하기 때문에 위안화의 강세 역시 정부에서 용인하는 것이다.

최근 채권금리의 상승 역시 주목해볼 필요가 있다. 저금리 기조가 이어지는 가운데 경기부양책에 대한 기대가 이어지면서 대규모 재정정책에 대한 우려가 커지고 있다. 이미 낮은 금리 수준인 만큼 추가적으로 금리를 인하할 수 있는 여력이 거의 없으며 유동성 공급에 따른 기대 인플레이션으로 인해 시중금리가 상승할 수 있다는 판단이다.

하지만 저금리하에서 나타나는 현상으로 레벨이 급격하게 높아질 가능성이 크지는 않다. 다만 2021년 상반기 중에 오버슈팅이 될 가능성이 있음을 염두에 두어야 하며, 다시 경기둔화에 대한 우려 등 불확실성이 부각될 경우 금리는 낮아질 것이다. 채권시장에서도 수익률을 창출할 수 있게 되는 것이다.

아직 발생하지도 않은 리스크를 고려해 안전자산의 비중을 높이는 전략에 대해 부정적인 의견이 있을 수 있다. 하지만 항상 발생할 수 있는 리스크를 고려하고 이에 대응할 수 있는 전략을 세워야 빠르게 대응할 수 있다.

유동성으로 인해 자산시장의 가격버블이 나타났으며, 이는 2021년에도 이어지겠지만 리스크가 부각되면서 변동성은 확산될 것이다. 따라서 포트폴리오의 다변화가 중요한 한 해가 되면서 이후에도 리스크 확산에도 불구하고 적절하게 대응하면서 수익률을 지킬 수 있게 될 것이다.

안전자산에 대한 비중을 어느정도 확보해야 하며, 유동성으로 자산가격의 상승에도 불구하고 현금 역시 적절한 비중이 필요하다. 유동성이 자산시장의 버블을 일으킨 만큼 현금비중이 절대적이라면 안전하겠지만 수익률 측면에서는 부진할 것이다. 당장 현금 비중을 크게 늘리는 것보다는 서서히 늘려가면서 리스크를 헤지하는 전략이 유효하다.

무섭게 상승한 부동산시장은 어떨까?

부동산 가격, 특히 아파트 가격의 상승세는 무섭다. 정부에서 가격상승을 막기 위해 대책을 발표했음에도 불구하고 불안한 투자심리에 오히려 불을 지핀 것이 사실이다. 시장의 유동성이 풍부한 가운데 저금리가 이어지고 있어 흐름 자체는 둔화될 수 있겠지만 당분간 이러한 흐름은 이어질 것이다.

유동성이 일으킨 버블 중 하나가 부동산시장이다. 유동성 장세인 만큼 그 유동성이 투입될 수 있는 부동산시장에도 그 효과가 나타나는 것은 당연하다. 하지만 다른 자산시장에 비해 과도하게 상승흐름을 보였다는 것은 누구나 동의할 것이다. '눈깜짝하면 1억씩 상승하는 것이 과연 정상인가'라고 물어본다면 '그렇지 않다'고 대답하기 때문이다.

주택가격의 상승은 물가상승과 연동되면서 완만하게 상승하기 마련이다. 하지만 최근 2~3년 사이의 상승은 과도하다고 평가하는 것이 맞다. 서울을 예로 들면 공급이 많지 않은 가운데 신규 아파트

전국 아파트 입주량과 수요량

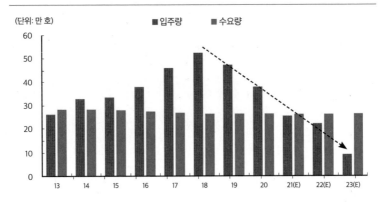

아파트 입주량과 수요량을 보면 입주량이 서서히 줄어들면서 초과수요가 나타날 것으로 예상된다. 실제로 아파트 입주량이 가장 많았던 2018년 이후 아파트 가격의 상승세는 이어지고 있다.

자료: 부동산지인

의 수요가 늘어나고 수급 불균형이 나타나면서 가격상승으로 연결된 것이다. 여기에 정부의 규제가 오히려 실수요자의 수요를 자극한 측면도 있다.

아파트 가격이 상승하자 추가적인 상승은 없을 것이라고 예측한 부류와 상승흐름은 이어질 것이라고 예측한 부류가 나눠졌다. 지금 역시 나눠져 있는 상황이다. 서울의 주요 신축 아파트 가격은 20억 원을 향해 가고 있다. 일반적으로 월급을 받는 회사원이 평생 회사에 다니면서 한푼도 쓰지 않고 수십 년을 모아야 살 수 있는 금액이다. 이러한 흐름이면 불가능하다.

전국 및 서울의 아파트 전세가격

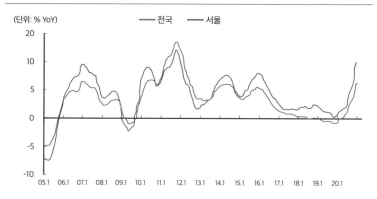

전국 및 서울의 아파트 전세가격은 안정적인 모습을 보이다 2020년 들어 가파르게 상승하고 있다. 주택임대차보호법을 발표하는 등 부동산 대책을 연이어 제시하고 있으나 상승폭이 오히려 확대되는 등 불안심리는 이어지고 있다.

자료: KB부동산

●

과도하게 상승한
주택가격

아파트 매매를 하기 전에 전세를 이용해 자금을 모으고 매매를 하면서 편하게 살 수 있는 집을 마련하는 것이 일반적인 경우였다. 하지만 지금은 전세가격이 큰 폭으로 상승하면서 전세조차도 이제는 얻기 힘들어진 환경이 조성되었다. 우리나라 특유의 제도였던 전세시장이 이제는 사라지고 월세시장이 서서히 자리잡게 될 것이다.

월세시장이 자리잡는다면 무엇이 문제가 될까? 계층 간의 자산가격 양극화는 더욱 가속화될 것이다. 급여의 상승은 제한되어 있으나 주거비용의 부담이 갈수록 커지는 만큼 점점 서민들의 주거 사다리는 끊어져 위태롭다.

유동성은 풍부하고 금리가 낮기 때문에 자금여력이 되는 분들, 일명 영끌(영혼까지 끌어모음)을 할 수 있는 분들은 실거주를 위해 다시 매수를 할 수밖에 없을 것이다. 지금은 매매가격의 상승세가 다소 주춤하지만 상승흐름은 이어갈 것이다.

이러한 부동산시장의 거품은 서울에만 국한된 것이 아니다. 핀셋 규제로 서울을 규제하면 규제하지 않은 다른 지역의 주택가격이 급등하면서 오히려 전국이 상승장에 돌입한 것이다. 물론 상대적으로 오르지 않은 지역도 있고, 지역별 차이는 존재한다. 하지만 누구나 살고 싶은 주택의 경우에는 상승흐름이 지속되는 것이다.

우리나라뿐 아니라 전 세계 주택가격의 상승흐름은 이어지고 있다. 유동성이 자산가격의 상승으로 나타나고 있는 것이다. 낮은 금리를 활용해 주택시장에 투자를 하기에 적합한 환경이기 때문이다. 수요가 뒷받침되고 있어 완만하게 상승흐름을 보였으며, 공급 역시 제한되다 보니 공급보다 수요가 많아 상승세를 보이는 것이다. 다만 상대적으로 다른 국가보다 한국의 주택가격상승이 더욱 가파르게 나타나고 있으며, 이로 인한 실수요자의 고통은 경제에도 부정적인 영향을 미치게 된다.

전 세계적인 흐름을 본다면 단기적으로 부침이 있지만 상승세가 과거부터 이어졌다. 국가별로 경제 환경도 다르고 정책도 다르기 때문에 하나의 기준만으로 평가할 수는 없지만 단순하게 수요와 공급의 측면에서 분석을 하는 것 역시 하나의 방법이다. 특히 금리가 낮은 만큼 이를 활용해 공급이 부족한 국가에서 가격이 상승하는 것은 어떻게 보면 당연한 일이기 때문이다.

'똑똑한 한 채' 전략이
지금은 현명하다

부동산시장이 안정을 찾기 위해서는 공급만이 살 길이라고 판단한다. 수요 대비 공급이 적은 지역에 집중적으로 공급할 수 있는 방안을 생각해야 하며, 수요 대비 공급이 많은 지역은 기반시설을 개발하고 교통망을 발전시켜 수요자들의 욕구를 충족시켜줘야 한다.

주택가격의 추가적인 상승은 유동성 공급이 지속되고 있는 만큼 이어질 것으로 보인다. 다만 그 속도는 이제 다소 제한될 수 있으며 이를 투자처로 생각해본다면 실수요자는 자신이 가용할 수 있는 범위 내에서 한 채를 마련해야 한다.

언제든지 아파트 가격은 비싸 보인다. 하지만 실수요이기 때문에 이를 감수해야 하며, 시일이 지난 뒤에는 신고가가 나타나게 된다. 물론 지금 부동산시장의 버블이 중후반에 접어들어 있는 상황이다. 하지만 이후 하락할 때를 언제까지 기다릴 것인가? 전세가격이 큰 폭으로 상승한 이 시점에서 유동성은 쉽게 회수되지 않을 것이다. 하락을 생각하는 것보다는 주택가격의 상승에 따른 스트레스를 덜 받고 편하게 마련한 내 집에서 즐겁게 살아가는 것이 조금 더 현명한 방법이라고 생각된다.

재정정책의 활성화로 인해 곳간은 비어가고 있고, 그래서 정부에서는 세금을 더 거둘 수밖에 없다. 이제는 다주택자들이 추가적으로 주택수를 늘리는 시기가 아니라 절세를 하면서 똘똘한 한 채로 가는 전략이 적절한 때이다. 이후에 버블이 꺼진 뒤 확보해둔 현금으로 다시 매수를 하면 된다. 위기가 찾아올 때 준비된 자는 그 위기를 기회로 만들게 된다.

이러한 기회는 앞에서도 언급했던 것과 같이 버블이 꺼지면서 다들 힘들 때 나타날 것이다. 우리는 이때를 준비해야 한다. 지금은 버블에 올라타 자산가격의 상승을 즐기되 리스크를 헤지하고 서서히 안전자산과 현금비중을 높여 대응해야 한다. 위기가 다시 나타날 때 양극화는 더욱 심해질 것이다. 사다리가 걷어차여진 환경이지만 향후 미래를 좀 더 고민하고 전략을 세우면서 대응해야 한다.

우리나라에서 중요한 기본 자산은 주거, 즉 주택이다. 설령 위기가 찾아온다 하더라도 일시적으로 수요가 줄어들 수 있겠지만 여전히 주택시장에 대한 관심은 이어질 것으로 예상한다.

현재의 주택시장 가격은 부담스러운 것이 맞다. 짧은 시간에 과도하게 상승하면서 이에 따른 피로도가 누적된 상황이다. 하지만 역사적으로 보더라도, 그리고 위기가 찾아온 뒤에도 공급이 크게 늘지 않는다면 주택가격은 우상향할 수밖에 없다.

버블이 꺼진다면 당연히 주택시장의 가격 역시 조정을 받게 된다. 특히 예상대로 1~2년 뒤 버블이 꺼지는 시간이 찾아온다면 그 이후의 경제위기는 우리가 상상하는 것보다 후폭풍이 클 가능성이 높다. 하지만 이를 기다리면서 언제까지 내 집 마련에 대한 스트레스를 받으며 생활할 수는 없다. 주택가격의 상승세가 이어지고 있다는 뉴스를 계속 접하기 때문이다.

배운 만큼, 아는 만큼 분명 자산시장에서 높은 수익률을 얻을 수 있다는 것을 다시 한 번 깨달았으면 한다.

지금은 버블에 올라타서
즐겨야 하는 시점이다

코로나19로 인해 2020년은 너무나 힘든 한 해였다. 투자자 입장에서도 큰 폭으로 하락한 주식시장으로 인해 손해를 보기도 했으며, 마스크 없이 일상 생활이 불가능한 만큼 불편함이 뒤따르는 해였다.

그렇다면 이후에는 조금 더 나은 삶을 기대해도 되는 것일까? 미국에서 대통령이 바뀌고 이에 따라 변화되는 정책에 따라 또 다른 영향이 나타날 것이다. 하지만 백신이 개발되고 계절적 요인이 완화되면서 코로나19로 인한 불안심리는 다소 완화될 것으로 보인다. 여기에 여전히 지속되는 유동성 공급 역시 주식시장에 투자하기 좋은 환경을 조성해줄것으로 보인다.

KOSPI가 리스크 속에서도 가파르게 상승하면서 레벨에 대한 부담이 커진 것은 사실이다. 이 정도까지 상승할 수 있는지에 대한 의문을 가지면서 투자자들은 지속적으로 투자했을 것이다. 여전히 유동성은 이어지기 때문에 유동성의 버블에 올라타야 하는 시점인 것은 맞다. 다만 그 시기가 언제까지 지속될 수는 없기 때문에 조금씩 포트폴리오 다변화를 고민할 필요가 있는 것이다.

시장에서 바라보는 경기개선에 대한 기대감은 다소 과도하다고 판단할 수도 있다. 과거 경험에 비춰본다면 위기가 발생한 그 다음 해에는 개선되는 지표로 인해 우호적으로 작용하지만 부정적 요인들이 한순간에 사라지지는 않기 때문이다. 즉 유동성 장세 이후에 실적 장세가 나타나야 본격적인 상승장이 시작되는 것이지만, 그렇다고 전망하기에는 아직까지 살펴볼 것이 많다고 판단한다.

그러므로 자산시장에 접근하는 것은 좋지만 기초를 튼튼히 하는 것이 중요하다. 어차피 예측 그대로 시장이 움직이지 않는다는 것은 이미 다 알고 있다. 리스크가 발생했을 때 빠르게 대응하기 위해서는 기초가 중요하다. '사상누각'이 적절한 표현이다. '남들이 버니까 나도 하면 벌겠지'라는 안일한 마음보다는 어떠한 지표들을 봐야 하는지, 이러한 지표가 경제에 어떠한 영향을 미치는지 정도는 공부하고 접근했으면 하는 바람이다.

공매도 금지 조치가 연장된 가운데 제도 보완 뒤 재개된다면 다시 변동성이 커질 수 있다. 이러한 상황에서는 빠르게 대응하지 않는다면 벌었던 수익률을 잃을 수 있다. 정보의 비대칭성이 있는 만큼 기관과 외국인을 상대로 해서 이기는 것이 쉽지 않기 때문이다. 물론 유동성으로 인해 MZ세대의 과감한 투자로 2020년 3월 지수가 가파르게 하락한 뒤 상승할 때 개인이 주체가 된 것은 맞다. 하지만 이러한 흐름이 지속되기에는 가지고 있는 자본의 규모가 비교할 수 없기 때문에 한계가 있는 것도 사실이다.

과거의 유동성 공급으로 인해 반복되면서 우리가 익힌 것은 단기에 긍정적인 영향을 미쳤지만 중장기적으로 본다면 그 효과에 대해서는 의문이 남는다는 것이다. 실질적인 경기개선이 나타나야만 자산시장의 상승이 버블이 아닌 진짜 상승인 것이다.

하지만 진짜 상승이 나타나기에는 리스크가 많아 불안한 것이다. 리스크를 잠재운 채 유동성으로만 상승하기에는 국내 환경이 녹록치만은 않다. 개방도가 높은 국가인 만큼 대외적인 환경의 영향을 많이 받으며 수출 1, 2위 국가인 미국과 중국의 변화에 따른 영향을 고려할 수밖에 없는 것이다.

서서히 수출 의존도를 낮추면서 우리에게 강점이 있는 IT 산업을 바탕으로 새로운 경제 패러다임에 맞게 산업구조도 개편이 필요하다. 이를 투자의 관점에서 본다면 4차 산업과 관련된 섹터에 대해서는 긍정적인 시각을 유지하게 되는 것이다. 따라서 가치주의 상승이 나타나고 있지만 여전히 성장주에 대해서 우호적으로 접근해야 하며 주도섹터의 변화는 받아들여야 하는 사회 흐름이다.

코로나19가 백신이 개발되고 치료제가 나온다 해서 한순간에 사라질 수 있는 것은 아니다. 서서히 영향력이 낮아지겠지만 이로 인한 경제구조의 변화, 다시 줄어들 경제 사이클의 진폭은 이전의 경제로 회복하기 어렵다는 것을 의미한다.

유동성으로 인한 명과 암을 다시 한 번 느낄 수 있으며, 버블은 언젠가 터질 수밖에 없다는 것을 우리는 잘 알고 있다. 하지만 터질 버블을 기다리며 가만히 있는 것은 투자자 입장에서 좋은 선택이 아니다. 적극적이나 리스크를 감안한 투자를 해야 하며, 그렇기 때문에 포트폴리오를 서서히 다변화하라고 언급한 것이다.

주식시장을 제외하고 다른 중요한 시장인 부동산시장 역시 마찬가지다. 유동성으로 인해, 가파르게 상승한 상황이며 그 상승률은 현실과의 괴리가 너무도 큰 상황이다. 일반적으로 월급을 모아서 생활하는 회사원이 집 한 채를 마련할 수 있는 가격일까?

가계부채로 인해 그리고 상승하는 가격을 억제하기 위해 정부의 규제가 강해지는 상황에서 집을 마련할 수 있는 방법은 더 없어진 것이 사실이다. 여기에 전 세계적으로 유동성을 지속적으로 공급하면서 정부부채가 큰 폭으로 증가해 이에 따른 부작용은 결국 나타날 수밖에 없다.

하지만 실수요자 입장에서 본다면 아파트를 매수할 때 대부분 신고가에 매수를 하는 것이 일반적이며, 심리적으로도 거주할 집이 있다는 것과 없다는 것의 차이를 생각해야 한다. 따라서 무주택자이면 언제든 실거주 한 채를 마련해야 한다는 입장이다.

무제한적인 유동성 공급으로 인해 주식, 부동산 등 자산가격의 가파른 상승이 나타났다. 코로나19로 인한 불확실성, 그에 따른 피할 수 없는 경기 사이클의 위축 등은 피할 수 없다. 하지만 여전히 풍부한 유동성이 이어질 것으로 보이는 만큼 지금은 버블에 올라타서 이를 즐겨야 하는 시점이다.

2021년에도 여러 측면에서 쉬운 환경이 되지는 않을 것이다. 하지만 다가오지 않은 리스크를 두려워하기보다는 조금 더 적극적으로 투자를 하는 것이 지금 시점에서는 더욱 현명한 선택지가 될 것이다. 서서히 리스크를 준비하는 적극적이고 현명한 투자자가 되길 바란다.